A PRIMEIRA SOCIEDADE

Conheça nossos clubes

Conheça nosso site

- @editoraquadrante
- @editoraquadrante
- @quadranteeditora
- Quadrante

Título original
The First Society

Copyright © 2018, by Scott Hahn

Capa & diagramação
Gabriela Haeitmann

Dados Internacionais de Catalogação na Publicação (CIP)

Hahn, Scott
    A primeira sociedade / Scott Hahan; tradução de Diego Fagundes. –
São Paulo: Quadrante Editora, 2022.
Título original: *The First Society*
ISBN 978-85-54991-71-5

1. Família 2. Casamento I. Título

CDD–306.85

Índices para catálogo sistemático:

1. Família 2. Casamento 306.85

Conselho editorial
José Maria Rodriguez Ramos
Renata Ferlin Sugai
Hugo Langone

Todos os direitos reservados a
QUADRANTE EDITORA
Rua Bernardo da Veiga, 47 - Tel.: 3873-2270
CEP 01252-020 - São Paulo - SP
www.quadrante.com.br / atendimento@quadrante.com.br

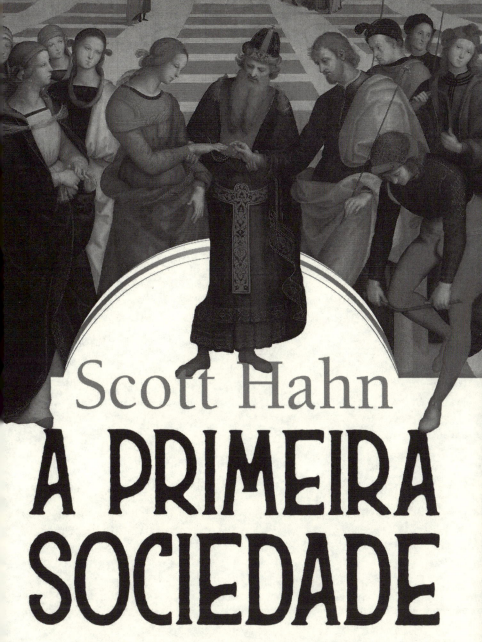

Scott Hahn
A PRIMEIRA SOCIEDADE

O sacramento do Matrimônio
e a restauração da ordem social

 QUADRANTE

SUMÁRIO

INTRODUÇÃO 9

CAPÍTULO 1 | Sem nostalgia 17

CAPÍTULO 2 | A primeira sociedade 29

CAPÍTULO 3 | Uma sociedade assombrada
pelo casamento 41

CAPÍTULO 4 | O casamento é impossível 53

CAPÍTULO 5 | O casamento perfeito 67

CAPÍTULO 6 | Uma história conturbada 77

CAPÍTULO 7 | A visão social católica 87

CAPÍTULO 8 | O sexo e o bem comum 99

CAPÍTULO 9 | Apocalipse e sociedade 111

CAPÍTULO 10 | A batalha pessoal 121

CAPÍTULO 11 | A redenção do matrimônio
pelo sacramento 133

CAPÍTULO 12 | A graça aperfeiçoa a natureza 145

CAPÍTULO 13 | A posição única da Igreja 155

CAPÍTULO 14 | Uma sociedade sacramental 167

CAPÍTULO 15 | Conclusão: além do nosso alcance? 181

Para Andrew Jones,
que me inspirou a pensar novamente
sobre a sociedade sacramental.

INTRODUÇÃO

O matrimônio... merece uma atenção especial. A mensagem da Palavra de Deus pode ser resumida na expressão contida no livro do Gênesis e retomada pelo próprio Jesus: «Por isso o homem deixa o seu pai e sua mãe para se unir à sua mulher; e já não são mais que uma só carne» (Gn 2, 24, Mc 10, 7-8). O que essa afirmação significa para nós atualmente? Parece--me que nos convida a ser mais conscientes de uma realidade já conhecida, mas talvez não apreciada de todo: a de que o matrimônio se constitui, em si mesmo, um Evangelho, uma Boa-nova para o mundo de hoje, em particular para o mundo descristianizado. A união do homem e da mulher, o ser «uma só carne» na caridade, no amor fecundo e indissolúvel, é um sinal que fala de Deus com força, com uma eloquência que hoje se torna ainda maior porque... o matrimônio, justamente nas regiões de antiga tradição cristã, está passando por uma profunda crise. Não é uma coincidência. O matrimônio está ligado à fé, mas não em sentido genérico. O matrimônio se fundamenta, enquanto união de amor fiel e indissolúvel, na graça que vem do Deus Uno e Trino, que em Cristo nos amou com um amor fiel até a Cruz... Há uma clara correspondência entre a crise de fé e a crise do matrimônio. E, como a Igreja afirma e testemunha há muito tempo, o matrimônio é chamado a ser não apenas objeto, mas o sujeito da nova evangelização.

– Papa Bento XVI, Homilia da Santa Missa de Abertura do
Sínodo dos Bispos, 7 de outubro de 2012

Eu ainda nem era católico quando comecei a estudar teologia em uma universidade católica. Mas foi ali, na Universidade de Marquette, em Milwaukee, que plantou-se a semente que frutificou neste livro.

O momento veio certo dia numa disciplina de pós-graduação intitulada «Religião e Sociedade», presidida por um maravilhoso sacerdote jesuíta, o Pe. Donald J. Keefe. Tenho certeza de que a aula estava interessante, mas não me recordo dos detalhes — exceto de uma estória. Pe. Keefe estava discutindo o livro *The Naked Public Square*, do Rev. Richard John Neuhaus (que também não era ainda católico). Então ele se deteve e ficou olhando para a janela. Lembro-me claramente de ouvi-lo dizer as seguintes palavras: «Se os católicos simplesmente vivessem o sacramento do Matrimônio por uma geração, testemunharíamos uma transformação na sociedade e teríamos uma cultura cristã».

Pe. Keefe interrompeu sua reflexão e voltou às suas notas, desculpando-se pela digressão. Mas não consegui retomar a concentração tão facilmente. Por mim, Pe. Keefe poderiam terminar sua explicação em sueco; eu fora atingido por aquela frase improvisada e não pensava em mais nada.

Tudo o que temos de fazer para alcançar o tipo de cultura pela qual ansiamos é cumprir o sacramento do Matrimônio por algumas décadas? Algum diagnóstico e prescrição poderia ser mais simples e desafiadores do que esses? Mas fazia tanto sentido! No casamento encontramos a comunidade humana primordial, da qual emergem todas as outras comunidades. Se acertarmos no matrimônio, poderemos não apenas transformar nossas famílias e paróquias; poderemos transformar o mundo.

Fui completamente absorvido por essa ideia, e continuo assim desde então — principalmente quando reflito sobre o meu próprio casamento. Na época da reflexão do Pe. Keefe, eu estava investigando a Igreja Católica, para o grande desgosto

INTRODUÇÃO

de minha esposa Kimberly. Os tempos ficaram difíceis mais adiante, quando abracei a Igreja e ela permaneceu cética. Mesmo assim, apesar dos desafios, nada — nada — em minha vida me deu a profunda realização pessoal e espiritual que o casamento e a família me trouxeram.

Sim, eu conseguia entender ali, e consigo entender agora, melhor do que nunca, como o casamento seria a resposta para tudo o que queremos construir em nossa sociedade e cultura. Mas também vejo o quão desafiador, o quão assustador, o quão frustrante — e o quão indescritivelmente belo — pode ser esse plano. Assim, ao olhar para os frutos vivos do meu casamento, sou preenchido pelo desejo de arregaçar as mangas.

**

Não me lembro bem de quando aconteceu, mas em algum momento o meu papel na família mudou, e agora sou *primeiramente* avô. Nenhum pai jamais deixa de criar os filhos, mas agora tenho quinze netos espalhados pelo país, e são essas crianças maravilhosas que ocupam meus pensamentos quando reflito sobre o futuro.

Este livro, portanto, é sobretudo inspirado pelos meus netos. É impossível não considerar o futuro quando se ouve o choro estridente de um recém-nascido. É impossível não se preocupar com a sociedade que as próximas gerações herdarão quando você se vê rodeado de crianças no Natal. É impossível não pensar no futuro da Igreja quando se vai aos seus batismos e primeiras comunhões.

Hoje é normal exprimir essas preocupações sob a forma desta pergunta: «Que tipo de sociedade deixaremos para os nossos filhos e netos?». Essa é uma pergunta que vale a pena fazer, certamente, mas não sei se é a *primeira* a ter de tirar o nosso sono — especialmente enquanto católicos que tentam se deslocar por uma civilização cada vez mais secular. Esse é o tipo de questão que pode nos fazer sentir impotentes e até nos desesperar perante as aparentes «forças da história».

Lembro de uma conversa com minha esposa em que ela expressou uma profunda preocupação com o mundo que estamos entregando para os nossos filhos. Respondi que, na condição de pais, não temos o dever de transmitir um mundo, uma sociedade ou uma cultura inteira para os nossos filhos, mas simplesmente a fé. Comecemos, então, por aquilo que nos é próximo e valioso. Não podemos controlar a cultura nacional ou civilizacional que nossos filhos herdarão, mas podemos fazer tudo ao nosso alcance para garantir que nossos filhos herdem a fé verdadeira. Não podemos controlar a natureza da sociedade que os nossos filhos terão de enfrentar, mas podemos influenciar a natureza das crianças católicas com as quais se deparará nossa sociedade. Em outras palavras, estamos muito mais transmitindo filhos para a nossa sociedade do que transmitindo uma sociedade para os nossos filhos.

Este é, portanto, um livro diferente para mim. Como sempre, você encontrará nestas páginas um olhar voltado para o céu e para a eternidade, mas mais do que nunca trabalharei com as implicações do ensinamento católico no aqui e agora — com o que significa viver uma vida autenticamente católica não somente para as nossas almas, mas para a nossa sociedade. Isso quer dizer que também terei de considerar que tipo de sociedade está mais de acordo com a vivência católica autêntica.

***

Meus netos podem ter inspirado o conceito deste livro, mas sua fundamentação sempre esteve presente nos meus outros escritos e em todo o ensinamento da Igreja. O fato é que passei a acreditar plenamente em que não posso mais deixar

INTRODUÇÃO

para depois o que hei de dizer. O sacramento do Matrimônio pode não conseguir transformar a sociedade ao longo da minha vida, mas, para aquelas criancinhas despreocupadas dançando em torno da árvore de Natal, os primórdios de uma cultura mais decente, mais bela e mais católica ainda se fazem possíveis.

Ademais, quando olho para além da minha família, vejo uma cultura em crise de cima a baixo. Isso não é algo novo, como veremos adiante neste livro. Mas os sintomas crônicos de uma sociedade degradada vêm-se tornando, em anos recentes, muito mais agudos. Em eras de prosperidade, segurança e bons sentimentos coletivos, a erosão social efetuada pelo secularismo e liberalismo pode ser mascarada. Porém, em eras de incerteza e instabilidade, os fundamentos enfraquecidos da nossa vida em comum se revelam — justamente quando mais precisamos deles[1].

Muitos escritores cristãos inteligentes têm sugerido diagnósticos perspicazes e tratamentos criativos para esse problema. Todos concordam, porém, com que dilapidamos o nosso patrimônio civilizacional, desgastando o tesouro milenar da cultura cristã com projetos de vaidade mal concebidos, como a revolução sexual e o consumismo relativista. Essa rejeição dos valores cristãos é uma das maiores tragédias de toda a história humana desde a morte e Ressurreição de Nosso Senhor e continua a se desdobrar lentamente diante dos nossos olhos.

---

1   Ao longo deste livro, a menos que especifique algo diferente, a palavra «liberalismo» refere-se ao tema dominante do pensamento político ocidental desde o Iluminismo. O liberalismo põe os direitos e liberdades do indivíduo no centro da constelação dos valores políticos, deslocando os deveres coletivos e a busca do bem comum. O liberalismo, portanto, concebe a sociedade não como um todo orgânico com vários bens que pertencem a esse todo, mas qual uma coleção de indivíduos autônomos que buscam alcançar o próprio bem. O secularismo é um acelerador do liberalismo, que corrói essa ênfase cristã na verdade, no amor e no serviço que tornou as sociedades liberais humanas e sustentáveis.

Embora, como minhas outras obras, este livro seja produto de seu tempo e local, bem como uma resposta a eles, gostaria de sublinhar a atemporalidade e universalidade das ideias em que ele se baseia. O que o leitor verá nestas páginas não é tanto um diagnóstico do momento presente, e sim um diagnóstico daquilo que sempre foi a regra para as sociedades humanas. Não se trata da receita para um novo plano de ação, mas de uma receita do que poderíamos e deveríamos sempre ter feito, nos tempos bons e nos tempos maus. Não trago uma descoberta de novos modos de vida, mas a redescoberta dos recursos que sempre tivemos para construir comunidades cristãs belas e sustentáveis — não apenas nichos frágeis preservados para nós por filantropos seculares, e sim sociedades inteiras consagradas a Cristo.

***

Se isso soa irreal, talvez até ousado, é porque é assim mesmo. Mas a graça imerecida do Nosso Senhor Jesus Cristo mediada por sua Esposa, a Igreja, de fato mostra-se irreal e extravagante segundo os padrões humanos. Em último caso, qualquer «solução» para os problemas deste mundo deve começar e terminar por essa graça.

Para ser claro, pois, este não é um livro *otimista*. Ele não propõe o raiar de uma nova aurora da civilização cristã. Tampouco sugere que, se forçarmos a vista e olharmos pelo ângulo correto, veremos que o século XXI se está tornando um momento maravilhoso para os fiéis católicos do Ocidente. Ele não se apoia em clichês e certezas fáceis que disfarçam certa ingenuidade sob as vestes enganosas da falsa confiança.

Trata-se, porém, de um livro repleto de esperança. Fala sobre a graça de Deus, o amor de Cristo e a verdade vivificante da Igreja — que persevera e não pode ser diminuída pelas circunstâncias sociais ou por supostas «forças históricas».

INTRODUÇÃO

Volta-se para aquele patrimônio divino que nunca pode ser exaurido e ao qual, desde o advento da Nova Aliança, sempre tivemos e sempre teremos acesso — se escolhermos, é claro, permanecer na amizade de Deus. Este livro, portanto, fixa-se em Deus, fonte da esperança, porque permitir que o nosso olhar vagueie é cortejar o desespero.

Essa esperança, enfim, é a esperança do céu — uma esperança que se realiza todas as vezes que celebramos a Ceia Nupcial do Cordeiro. O desafio proposto neste livro é trazer a superabundância da graça que borbulha da vida sacramental da Igreja para nossas famílias, nossas comunidades, nossa sociedade e nossa civilização. O mesmo poder que pode transformar almas pode transformar o mundo. Depende de nós levá-lo à fruição.

CAPÍTULO 1

SEM NOSTALGIA

Eu tive uma infância idílica. Bem, ao menos sempre gostei de pensar assim.

Recentemente, num passeio de carro com um amigo pelas ruas em que eu fora criado, mostrei-lhe com gosto as escolas, quadras esportivas e afins, provavelmente entediando-o com as minhas reminiscências. Mas ele teve muita paciência comigo, e logo comecei a falar sobre os meus velhos amigos à medida que passávamos na frente das casas em que eles tinham crescido.

Enquanto contava ao meu companheiro o que acontecera àqueles antigos colegas de classe, o verniz de perfeição com que cobrira a minha infância rapidamente desapareceu. Um deles se viciara em álcool e drogas no início da vida adulta. Outro, descobrimos somente mais tarde, foi abusado. Um terceiro tirou a própria vida.

Naquele momento me lembrei de minha própria adolescência. Pensei em como estive assustadoramente próximo de acabar com a memória afetiva de alguém — e como tive sorte de escapar desse destino. E percebi que os problemas que assombravam aqueles jovens não tinham surgido do nada. Em meio aos confortos da vida de classe média, dramas ocultos e tragédias vinham-se desenrolando entre quatro paredes e dentro de psiques fragilizadas. Bastou algum tempo para que fossem colhidos os frutos decrépitos de uma cultura profundamente corrupta.

Essas percepções não acabaram com a minha nostalgia, mas a complicaram. Havia muita bondade naquele bairro e nos relacionamentos de minha juventude, e nem toda informação nova ou reconsideração do mundo era capaz de tirar isso de mim. No entanto, nenhuma época ou lugar é tão perfeito quanto desejamos que seja.

***

Nasci no mesmo mês em que *Leave it to Beaver* estreou na CBS. E me formei no Ensino Médio no ano em que *Saturday Night Live* estreou na NBC. Não preciso dizer que a minha infância foi um tempo de grandes mudanças culturais, muito parecido com o que estamos atravessando agora.

Até hoje, devido principalmente à popularidade das reprises televisivas, *Leave it to Beaver* representa o auge da nostalgia pós-Segunda Guerra Mundial. Os cercados brancos, as ruas seguras, a decência básica de todos os membros da família e da vizinhança (exceto Eddie Haskell): é fácil apaixonar-se pela bondade simples e respeitável daquele mundo.

Mas sabemos, é claro, que esse era um retrato muito pouco abrangente da vida americana. Enquanto Ward jogava golfe no clube da fictícia Mayfield, os negros eram atacados com mangueiras de incêndio pela polícia em Birmingham. Enquanto June Cleaver preparava caçarolas perfeitas em potes perfeitos, a pílula anticoncepcional era comercializada pela primeira vez nos Estados Unidos. Enquanto Wally e Beaver cometiam pequenas peripécias, a Guerra do Vietnã intensificava-se e fazia surgir uma geração inquieta. Para cada

SEM NOSTALGIA

família perfeita em 1957, havia outra destruída pelo abuso, pelo alcoolismo ou pelo adultério.

Todas essas complexidades não anulam a bondade singela que realmente existiu na sociedade americana do pós-guerra, assim como a revelação que acabei por ter sobre a minha infância não anula a bondade que de fato vivi. Se quisermos aprender com o passado, precisamos olhar para ele como realmente foi. Em nossa era de rápidas mudanças sociais e culturais, de crescente instabilidade política e econômica, não podemos nos dar o luxo de ser ingênuos em relação às lições que extraímos da história.

***

Por que toda essa reflexão sobre o passado? O que há de tão importante na nostalgia? E por que deveríamos nos preocupar com ela?

A resposta a essas perguntas é a razão de ser deste livro. Todos sabemos que estamos em meio a uma crise da compreensão pública a respeito do casamento e da família. Os marcos que ocuparam as manchetes nesta crise foram as decisões da Suprema Corte em *Windsor v. U.S.* e *Obergefell v. Hodges*, que redefiniram legalmente o casamento em toda a nação. Agora, o casamento é *oficialmente* definido como uma mera parceria romântica reconhecida pelo Estado.

A verdade é que essas sentenças apenas sistematizaram os fatos culturais que já existiam nas ruas. A vasta maioria dos americanos já considerava o casamento um simples pacto de afeição e compromisso reconhecido pelo governo. A oposição ao casamento entre pessoas do mesmo sexo dissipou-se rapidamente quando o conceito ganhou popularidade porque a compreensão popular do casamento não tinha por base nenhum princípio que servisse como fundamento para uma oposição à inovação.

Não preciso relembrar ao leitor os problemas de nossa cultural conjugal. Bastaria isto: o divórcio é comum; os jovens estão adiando o casamento ou evitando-o completamente; casamentos intencionalmente sem filhos estão na moda; elites respeitáveis estão promovendo casamentos abertos e plurais; e assim por diante.

Isso não aconteceu da noite para o dia. Faz décadas que vivemos como se a versão esvaziada do casamento — essa versão que diz que o casamento é um relacionamento autodefinido, baseado nas contingências da atração sexual e na autorrealização, com a esperança (mas não a perspectiva) de um compromisso vitalício — fosse a verdadeira. Está em nossos filmes e séries de TV, nas nossas músicas e livros. Não conseguimos evitá-la, assim como não conseguimos evitar a poeira que inalamos. Ela permeia toda a nossa atmosfera social.

Isso significa que o casamento entre pessoas do mesmo sexo não é a causa, mas um sintoma. É claro que este sintoma em particular piorará a doença subjacente, que os casos autorizados pela justiça prepararão o terreno para essa compreensão árida do casamento pelas futuras gerações não só na prática, mas na lei. (Porém, ao passo que não devemos subestimar o efeito cascata que nos fez incluir o casamento moderno na Constituição, tampouco devemos permitir que fiquemos preocupados com ele. O casamento entre pessoas do mesmo sexo é *parte* de um problema mais amplo em nossa compreensão do casamento; não é o problema *em si*.)

Estamos vivendo uma tempestade cultural e, por isso, procuramos um porto seguro. Sem vislumbrar salvação no horizonte, naturalmente voltamos o olhar para o passado. Para antes do divórcio sem culpa. Para antes de *Mística feminina*. Para antes da pílula. E ali, fitando-nos com seus olhos sábios e experientes, está Ward Cleaver.

No entanto, sinto dizê-lo, isso é uma miragem.

SEM NOSTALGIA

***

A nostalgia é uma emoção humana, e até bela. No entanto, ela pode colocar lentes cor-de-rosa diante dos nossos olhos — lentes que filtram as realidades difíceis e dolorosas que poderiam complicar nossa memória. A nostalgia, portanto, não pode servir como base para uma análise sóbria do nosso presente social e das circunstâncias políticas, ou mesmo para tecermos prescrições para o futuro.

Já demonstrei o lado obscuro da era do *Leave it to Beaver* na história americana. Uma nostalgia desordenada, no entanto, não obscurece somente o passado; também pode enevoar o presente e o futuro. É difícil ter uma visão clara de onde estamos e para onde vamos se idealizarmos onde um dia estivemos.

O objeto idealizado de nossa nostalgia pode tornar-se um falso ponto de partida — uma falsa *tabula rasa* em que projetamos problemas atuais. Se, por exemplo, identificarmos 1957 como o auge da sociedade americana, eliminaremos de nossa análise as tendências que antecedem 1957, para não mencionar as contracorrentes e subcorrentes da vida naquele mesmo ano.

Não é assim que a sociedade humana funciona. Todas as épocas têm as suas características boas e ruins, e todas as épocas baseiam-se em seus predecessores e respondem a eles. Durante a Revolução Francesa, os revolucionários tentaram criar um novo calendário que designava o primeiro ano da nova república como o ano 1. A suposição era de que a República Francesa representava tal ruptura com o passado, que uma era nova e totalmente distinta da história humana havia começado. No entanto, a história não foi tão complacente: o calendário durou pouco mais que a própria Primeira República — cerca de doze anos.

Não se pode isolar a década de 1950 do seu contexto. Todas as qualidades que associamos a essa época são reflexos de tendências de longo prazo na política, economia e cultura, tais como a prosperidade do pós-guerra e o subdimensionamento social. Porém, ao mesmo tempo, apesar do mundo estático de Mayfield retratado em *Leave it to Beaver*, a moral sexual já se vinha afrouxando. Hugh Hefner, por exemplo, fundou a revista *Playboy* em 1953.

Essa busca pela perfeição histórica não para nos anos 1950. Alguns católicos preferem voltar-se para a Idade Média como um período de ordem social que deveríamos tentar reviver. (Discutirei esse período logo mais; por ora basta dizer que foi um tempo muito mais complicado do que modernistas desdenhosos ou tradicionalistas iludidos gostariam de acreditar.) Outros acham que, se pudéssemos anular o impulso do movimento progressista na virada do século XX, poderíamos desfrutar de uma civilização cristã bela e liberal.

Essas idealizações do passado sequer se qualificam como nostalgia, pois ninguém que está vivo hoje esteve presente nesses momentos históricos. O impulso, no entanto, é o mesmo — identificar uma ordem social histórica a que devemos retornar para criar uma sociedade sustentável e virtuosa.

Isso não é uma análise racional, mas escapismo. A busca por um momento perfeito da história é como buscar o Monstro do Lago Ness: ele não existe e, se você tentar fingir que o encontrou, todos enxergarão claramente a farsa. Eis o problema da nostalgia; não há duas pessoas cujas histórias e memórias sejam iguais e, portanto, não existem duas experiências nostálgicas iguais. A nostalgia é uma emoção profundamente pessoal — assim, não pode servir de base para o discurso político, muito menos para um sistema político.

Para cada pessoa que se identifica com os seus sentimentos em relação ao início dos anos 1960, por exemplo, haverá

SEM NOSTALGIA

várias para as quais a sua versão não soará convincente. Isso pode acontecer devido a diferenças de raça, classe ou sexo. Ou pode ser simplesmente um caso de mentes diferentes que se recordam de maneiras diferentes.

Mesmo que pudéssemos encontrar algum momento perfeito na história, a triste verdade — e o verdadeiro aguilhão da nostalgia — é que jamais conseguiríamos voltar para lá.

***

A palavra «nostalgia» vem da combinação de palavras gregas e significa a dor associada ao desejo de voltar para casa. Seja o objeto de nossa nostalgia cultural um tempo que experimentamos pessoalmente, seja uma época anterior ao nosso nascimento, trata-se, em suma, de um desejo de «retorno» a um tempo e lugar em que os nossos valores e modo de vida seriam bem recebidos e fomentados. Isto é, trata-se de um desejo de voltar para casa.

Não há nada mais humano do que o desejo de estar em casa. Esse desejo está relacionado a muitos outros desejos naturais. Queremos nos unir a um lugar que existiu antes de nós e que existirá depois de nós. Queremos que nossas histórias se entrelacem com histórias maiores — de famílias, lugares, acontecimentos, e assim por diante — ao longo do tempo. Queremos amar e ser amados pelas pessoas mais próximas de nós.

Devemos perceber, entretanto, que todos esses desejos são apenas reflexos do desejo último de todo ser humano: a comunhão eterna com Deus no céu — o nosso verdadeiro lar. Só no céu todos os nossos desejos serão satisfeitos. Só no céu nos sentiremos finalmente, verdadeiramente, totalmente em casa.

Essa é a tragédia de toda nostalgia, especialmente da nostalgia por um *tempo,* e não somente por um lugar: ela jamais será satisfeita nesta vida. Podemos experimentar pequenas doses de satisfação nostálgica — um programa antigo de TV aqui, um perfume memorável ali —, mas nesta terra nunca poderemos experimentar uma satisfação completa e duradoura. Isso não quer dizer que a nostalgia seja algo ruim. Significa, porém, que devemos colocá-la em seu devido lugar. Como todas as paixões, a nostalgia deve permanecer submissa à razão. E ela certamente não pode servir de fundamento para a renovação cultural, social e política. Esse é um fardo que a nostalgia simplesmente não consegue carregar.

Além disso, as peculiaridades do nosso momento histórico também fazem das tentativas de recriar o passado — e até mesmo um passado recente — uma aventura quixotesca.

***

Mais do que em qualquer outra época da história ocidental, vivemos em uma sociedade secularizada. Até a sociedade romana tardia, embora decadente e em muitos pontos grotesca, valorizava a piedade pública (mesmo que fosse uma piedade pagã, e mesmo quando se tratava tão-somente de uma expressão de lealdade ao império). Mas agora a civilização ocidental não só baniu da esfera pública todo tipo de expressão religiosa, como também passou a desmantelar propositalmente a sua própria herança cristã.

O patrimônio cristão é, por um lado, inexaurível. A Verdade nunca pode acabar. Não podemos consumir até o fim o amor de Cristo ou a graça de Deus. Esses bens sobrenaturais são infinitos e eternos. Quando pensamos em qual deve ser o próximo passo para os cristãos nesta civilização, não podemos esquecer disso jamais.

Por outro lado, porém, podemos consumir o nosso patrimônio *cultural* cristão. De fato, o poço está quase seco. Pouquíssimas pessoas fazem alguma ideia de como deveria

SEM NOSTALGIA

ser uma sociedade verdadeira e majoritariamente cristã. E não digo isso somente em relação às coisas que temos o hábito de considerar «cultura» — arte, música, arquitetura etc. —, mas também às concepções cristãs a respeito da política e sociedade, tais como a primazia do bem comum, o papel essencial da Igreja na vida pública e a dignidade inalienável da pessoa. Embora, como tudo o mais no tesouro da doutrina da Igreja, essas verdades nunca mudem, elas podem ser perdidas, ou pelo menos esquecidas, por um tempo.

Qualquer discussão sobre o que os cristãos deveriam fazer para reformar a sociedade deve levar em conta o ponto em que estamos agora. A Idade Média, o século XIX e até os anos 1950 contavam com reservas substanciais de cultura cristã que simplesmente já não temos mais. *Ainda* que qualquer das eras anteriores pudesse ser considerada boa o suficiente para que a imitássemos, não teríamos os recursos do nosso patrimônio cristão para fazê-lo. A busca de fundações com que possamos não somente recuperar esse patrimônio, mas também erigir um novo patrimônio para o século XXI e depois, deve estar no centro desta discussão.

O secularismo deixou o passado mais inalcançável do que nunca. Este momento, portanto, traz desafios que exigem respostas novas e inovadoras. Mas o fato de não podermos recriar o passado não quer dizer que não possamos aprender com ele.

***

Ter um relacionamento saudável com o passado não é nem adorá-lo, nem ignorá-lo. Pelo contrário, quando analisamos retrospectivamente os tempos e lugares que admiramos ou desprezamos, nossa regra deve ser simples: reter o que houver de melhor e deixar o restante para trás.

Houve algo de bom nos anos 1950, na Idade Média e em

qualquer outra época que possamos admirar. A prudência nos exige não somente desembaraçar o bem do mal, mas discernir o que pode ser efetivamente aplicado ao nosso momento histórico atual – e como fazê-lo.

Podemos encontrar reflexos de verdades atemporais em todos os períodos históricos. Cada período usa os seus próprios filtros para criar esses reflexos, e por isso depende de nós discernir o aspecto que a imagem completa há de assumir e como, depois, poderá ser aplicada a um mundo pós-moderno.

Vê-se, por exemplo, um forte reflexo da antropologia cristã no foco que se dava à família nuclear e nas normas de gênero nos Estados Unidos dos anos 1950. Mas é importante lembrar que eram meros reflexos; esses conceitos podem transformar-se rapidamente em ídolos que, mais do que revelá-la, obscurecem a verdade.

Vejamos a família nuclear. A sua predominância é um fenômeno relativamente moderno e não bíblico que representa algo muito positivo — a importância de relações estáveis entre pais e filhos para a sustentação da própria sociedade. No entanto, ela também pode obscurecer a importância da família estendida e transgeracional que fora a norma histórica e, em vez disso, favorecer uma compreensão limitada da identidade e dos deveres familiares. A questão, então, é: como aplicamos a verdade representada pela vida familiar dos anos 1950 ao século XXI sem cair no sentimentalismo e na idealização grosseira?

Do mesmo modo, a primazia da Igreja em todas as áreas da vida ao longo da maior parte da Idade Média é um reflexo claro da verdade de que a lógica sacramental da Igreja pode e deve ser aplicada à sociedade toda. E, no entanto, qualquer um que tenha um conhecimento básico de história medieval sabe que essa primazia gerava com frequência grande corrupção na Igreja. Como não queremos recriar um passado necessariamente idealizado, temos diversas

SEM NOSTALGIA

perguntas a nos guiar: como aplicar a lógica sacramental da fé às circunstâncias peculiares do século XXI enquanto aprendemos com as armadilhas do passado? Como a Igreja pode usar essa lógica não só para falar ao secularismo, mas para derrotá-lo? Podemos encontrar aqui os recursos intelectuais e espirituais para um renascimento da civilização cristã?

Muito do restante deste livro refletirá sobre respostas a essas questões. Comecemos, porém, com um retorno ao início absoluto, ao primeiro casamento dos seres humanos.

CAPÍTULO 2

A PRIMEIRA SOCIEDADE

Trata-se de um dos pontos centrais da Bíblia: «Não é bom que o homem esteja só» (Gn 2, 18). Até este momento do relato duplo da criação — os seis dias de Gênesis 1 e o jardim de Gênesis 2 e 3 —, Deus anunciara que todo o aspecto de Sua criação era «bom» ou, no caso da humanidade, «muito bom». Mas aqui, pela primeira vez, o Senhor diz que algo em Sua criação «não é bom»: a solidão.

Tudo parecia estar completo e em seu devido lugar. Adão tinha uma casa no jardim, toda a comida e água que podia comer e beber, bem como mais animais de estimação do que poderia usar. Mais que isso, ele tinha Deus, à cuja imagem e semelhança fora feito. E, no entanto, nem a criação, nem o próprio Adão estavam completos. Ele estava sozinho, e isso não era bom.

Todos sabemos o que acontece em seguida: Deus seda Adão, remove-lhe uma costela e usa esse osso como a primeira parte do único ser adequado para fazer companhia ao homem: uma mulher. «Eis agora aqui, disse o homem, o osso de meus ossos e a carne de minha carne» (Gn 2, 23). A humanidade agora estava completa. A imagem e semelhança plena de Deus se tinham concretizado.

29

Mas há algo mais. Eva não foi só a primeira mulher; ela completou a *primeira família*. A primeira comunidade humana criada por Deus não foi uma dupla de colegas de quarto ou meros amigos, mas um casal esposado. A união entre homem e mulher como marido e esposa (e, se Deus quiser, pai e mãe) é a verdadeira fundação não apenas de toda a sociedade humana, mas de toda a humanidade.

A ordem da criação de Deus não foi arbitrária. Fomos criados para a comunidade; isto é, a nossa natureza encontra a sua expressão mais plena na comunhão com outras pessoas. Aristóteles acertou até sem a Revelação divina: o homem é um ser social. Como era no princípio, continua a ser hoje: a família é a *primeira sociedade*, tanto na ordem do tempo como na de importância.

***

A ideia do átomo — uma unidade indivisível e distinta da matéria — foi postulada já no mundo antigo. Os cientistas só descobriram evidências reais dessa teoria no início do século XIX, e durante a maior parte dos cem anos seguintes eles acreditaram serem os átomos as menores partículas do universo.

Hoje conhecemos os elétrons, prótons, nêutrons, bósons de Higgs e uma série de outras partículas subatômicas; porém, sob um aspecto importante, a teoria dos antigos e o modelo dos primeiros cientistas coincidem: os átomos são as menores unidades de matéria que conservam todas as propriedades de um elemento. E assim, embora os átomos não sejam as menores partículas do universo, são as unidades fundamentais da matéria.

Os cientistas vinham acumulando evidências para a teoria atômica enquanto outros pensadores elaboravam novas formas de considerar as sociedades humanas. Essas novas

A PRIMEIRA SOCIEDADE

ideias liberais enfatizavam o indivíduo em vez da família, do clã ou da comunidade. Hoje, vemos como óbvia a superioridade do indivíduo; isto é, presumimos ser óbvio que a unidade fundamental da sociedade seja o indivíduo. Os sociólogos tomam emprestado um termo da ciência para descrever a ruptura da sociedade civil ocasionada por esse individualismo: atomização.

Embora não possamos ignorar a importância do indivíduo, reduzir a sociedade a uma aglomeração de indivíduos soltos seria como tentar reduzir a natureza a uma coleção de átomos soltos. Não nos leva muito longe. É claro, teríamos ouro, nitrogênio e até diamantes (que são somente o carbono bem-organizado), mas não teríamos água, açúcares ou proteínas, todos essenciais à vida e todos moléculas — combinações de átomos. Até o oxigênio é uma combinação de dois átomos de oxigênio, e não partículas individuais flutuando no espaço.

Do mesmo modo, ninguém passa pela vida sozinho. Temos uma comunidade de amigos pessoais, colegas de escola e de trabalho. Criamos laços baseados em times esportivos e programas de televisão. Dependemos uns dos outros em tempos difíceis, tanto pessoalmente como por meio de sistemas de auxílio social. E, é claro, juntos adoramos a Deus — embora não tanto quanto costumávamos.

Porém, e mais fundamentalmente, nascemos em uma comunidade — a comunidade (idealmente) de uma mãe, um pai e um filho. Ninguém — nem mesmo Jesus Cristo — jamais foi gerado integralmente como um indivíduo radical. Nascemos totalmente indefesos em uma comunidade. Essa comunidade é o que chamamos de família, e, embora a unidade fundamental da humanidade possa ser o indivíduo, é a família a unidade fundamental da sociedade.

***

Toda família, toda comunidade e toda a sociedade começa, de um modo ou de outro, com um homem e uma mulher — um Adão e uma Eva. Foi assim que Deus nos criou. De fato, é assim que participamos mais plenamente de Sua imagem e semelhança, como nos diz o Gênesis: «Deus criou o homem à sua imagem; criou-o à imagem de Deus, homem e mulher os criou» (Gn 1, 27).

Afirmei, acima, que o casal esposado é a primeira sociedade na ordem do tempo e de importância. Mas o que exatamente isso significa?

Comecemos pela ordem temporal. De maneira mais óbvia, isso significa que, no início absoluto no jardim, Deus deu ao homem não um colega ou um mentor, mas uma esposa. Deus poderia ter estabelecido qualquer tipo de relacionamento entre as Suas novas criações, mas optou pelo casamento. Isso não foi arbitrário. Com isso Ele sinalizava que, para a Sua cara Criação, a união entre homem e mulher teria valor particular e duradouro.

Todavia, o conceito do casal esposado como lugar fundacional não se restringe ao jardim. A cada casamento, algo de novo se estabelece. Deus pode não estar rearranjando partes do corpo, como fez quando criou Eva, mas está, de um modo real, rearranjando as nossas almas. Todo casal esposado é uma nova criação: «Por isso o homem deixa o seu pai e sua mãe para se unir à sua mulher; e já não são mais que uma só carne» (Gn 2, 24).

A consumação do casamento é, de um modo real e radical, um novo começo — a criação de uma nova família, que é um reflexo da criação original de toda a humanidade, salvo que desta vez participamos *com* Deus. Quer Deus abençoe a união com filhos ou não, o casal criou algo de novo que nunca existiu antes e jamais existirá novamente. Esta participação no poder criador de Deus é o fundamento da sociedade humana.

A PRIMEIRA SOCIEDADE

Por isso, o casal esposado vem primeiro não apenas no tempo, mas também em importância. Sem o poder singularmente criador que Deus concedeu a esse relacionamento, não pode haver comunidade nem sociedade autossustentável. Portanto, devemos tratar o casamento com um cuidado e preocupação particulares; podemos dizer sem ofender outros tipos de relacionamento que nada serve de base a tantas coisas quanto o casamento. Não há substituto para a união de um homem e uma mulher como marido e esposa.

Uma sociedade na qual não se formam amizades fortes e dedicadas é uma sociedade enfraquecida. Uma sociedade na qual não se formam parcerias confiáveis de trabalho é uma sociedade empobrecida. Uma sociedade na qual não se formam casamentos, porém, está no caminho da extinção.

***

O DNA é essencialmente o manual de instruções para todas as moléculas incrivelmente complicadas que as células viventes têm de produzir. Se as células deixarem de produzir certas moléculas orgânicas, ou se as moléculas que produzirem forem malformadas ou construídas erroneamente, um número incontável de doenças — e até a morte — pode ocorrer.

A propósito, é assim que funciona o envenenamento por radiação. Minúsculas partículas trespassam o corpo, mas acertam cadeias de DNA em seu trajeto e, com isso, tiram as coisas do lugar. A radiação mancha o manual de instruções, o que resulta em mutações, isto é, mudanças imprevisíveis e irremediáveis transmitidas na criação de um novo DNA. Quando muitos manuais de instruções ficam manchados, os erros acumulam-se até o corpo não conseguir mais funcionar.

Se a cultura é o DNA da sociedade — de onde provêm os manuais de instrução —, é no casamento que as instruções são executadas. Ao contrário das células individuais, porém, casais esposados podem alterar esses manuais. Podem discernir se mudanças seriam úteis ou perigosas. Podem, excepcionalmente, formar e executar o DNA da sociedade.

O casamento é onde a maior parte dos elementos humanos socialmente essenciais é construída. Não me refiro apenas a cada criança. Como já mencionei, o casamento nos permite participar do poder criador de Deus na formação e manutenção de novas comunidades e novos indivíduos. Quando o casamento não cumpre essa função ou a cumpre mal, todo o corpo social sofre.

Se os casamentos são fracos ou sequer chegam a ocorrer, os pais (e especialmente as mães que ficam sós) veem-se indefesos diante do DNA cultural corrente. Sem o poder social e sacramental do casamento, é incrivelmente difícil fazer outra coisa senão executar as instruções fornecidas pela cultura. As famílias se sujeitam à maré das tendências e modismos. Com muita frequência, mutações deletérias no DNA só vêm a compor umas às outras, geração após geração.

E o que acontece quando os casamentos são formados, mas os indivíduos que o compõem são, eles próprios, de formação ruim? Embora essa situação seja mais estável que uma sociedade com uma cultura matrimonial fraca ou inexistente, ela não é menos perigosa. Casamentos malformados realizam ajustes imprudentes no DNA cultural. Eles aceitam o que deveria ser rejeitado e rejeitam o que deveria ser aceito. Mutações nocivas são perpetradas sem correção.

O problema é que a nossa sociedade está imersa em radiação perigosa. Essa radiação encontra-se ao nosso redor. Está dentro de nós. E vem deformando o nosso DNA social de maneiras tão complexas (e muitas vezes ocultas) que não podemos compreendê-la integralmente. E, no entanto, temos de reagir de alguma forma.

Os católicos têm uma vantagem. No ensinamento perene de Cristo e da Igreja, temos um DNA inacessível mesmo à radiação

A PRIMEIRA SOCIEDADE

cultural mais forte e perigosa. Consideremos dois aspectos do DNA da Igreja para o casamento, para a família e para a sociedade: a natureza sacramental e trinitária do casamento.

***

«Não era bom» que Adão estivesse sozinho. Mas por quê? Seria somente o estado emocional de solidão o que incomodava a Deus? Ou havia nisso algo de mais profundo — algo na natureza do homem e de Deus mesmo?

Nós adoramos, nas palavras do Credo de Atanásio, «um só Deus em três Pessoas e três Pessoas em um só Deus, sem confundir as Pessoas nem separar a substância». Este mistério trinitário — como pode Deus ser um *e* três *ao mesmo tempo?* — está no centro da nossa fé.

O que quer que possamos dizer sobre esse incrível mistério, ao menos isto é claro: Deus é unidade e comunidade. Dentro de Deus há tanto o conceito de unidade como o conceito de união. Ademais, esses conceitos não se contradizem nem competem um com o outro; pelo contrário: eles se complementam e completam.

É por isso que a solidão de Adão «não era boa». Ele não estava incompleto apenas emocionalmente; estava incompleto em sua própria criação como imagem de Deus. Ser feito à imagem de Deus é ser um indivíduo em comunhão.

E o casamento, como já se disse, é a primeira comunidade humana. É o modo fundamental com que participamos da essência trinitária de Deus. Isso não quer dizer que sacerdotes, religiosos celibatários e os solteiros não participem dos reflexos terrenos da Trindade; todos são membros de uma ou outra comunidade, secular ou religiosa, que traz à vida nossa orientação natural à união.

O casamento, todavia, faz isso de um modo único e especial: «Eles serão uma só carne». Em nenhuma outra parte das Escrituras usa-se uma frase tão radicalmente unitária e comunitária em relação aos seres humanos. A capacidade do casamento de gerar filhos completa a analogia trinitária: mãe, pai e filhos.

E o que sustenta a família? O amor mútuo de todos os membros uns pelos outros. Quando tudo o mais dá errado — quando as contas não fecham, quando os hormônios da adolescência se agitam, quando se perde a paciência —, esse amor mútuo mantém intacta a unidade-na-comunidade.

E este amor mútuo, talvez mais do que qualquer outra coisa, reflete a essência de Deus. Dizemos com convicção e verdade que «Deus é amor». Mas o amor requer um sujeito e um objeto, quem o dê e quem o receba. É claro que o amor de Deus volta-se para nós, o pináculo de Sua criação. Mas, embora esse fato possa justificar que «Deus ama», ele não explica totalmente a afirmação mais profunda de que «Deus é amor».

Podemos dizer que Deus é amor porque Ele é, em Seu íntimo, tanto sujeito quanto objeto de amor. O Pai, o Filho e o Espírito Santo — cada qual é Deus em sua plenitude — vivem um relacionamento eterno de amor entre si. Essa autodoação perpétua é o que faz de Deus quem Ele é. E é o que o casamento reflete — de maneira imperfeita, mas com grande beleza — neste mundo.

***

Muitas gerações antes da fundação da Igreja Católica por Jesus Cristo, Deus Pai indicou a natureza sacramental do casamento em Seu relacionamento com Adão e Eva. A união de um homem e uma mulher como marido e esposa foi, desde o início, abençoada por Deus de modo especial.

A palavra «sacramento» vem do latim *sacramentum*, que quer dizer «vínculo» ou «juramento». Ao longo das Escrituras,

A PRIMEIRA SOCIEDADE

o juramento — feito em nome do próprio Deus — aparece repetidamente como um elemento essencial das alianças. De fato, ainda no Antigo Testamento, quando um anjo de Deus anuncia a aliança com Abraão, declara que o Senhor está jurando em Seu próprio nome (cf. Gn 22, 16-18).

E o que queremos dizer com «aliança»? Ajuda-nos comparar esse conceito com o de um «contrato», com o qual ele é facilmente confundido. Um contrato geralmente estabelece os termos segundo os quais damos, tomamos ou partilhamos certos aspectos de nós mesmos — propriedades, bens, trabalhos, e assim por diante. Uma aliança, por outro lado, estabelece os termos para que unamos por inteiro o nosso ser a outrem. Uma aliança eleva o conceito de contrato a tal nível que ele se torna algo verdadeira e substancialmente diferente.

«Aliança», portanto, é a única palavra adequada para descrever a relação entre Deus e a humanidade. Nós não somos Sua propriedade: somos Seus filhos e filhas adotivos. Contratos criam arranjos de propriedade temporários e contingentes; alianças criam laços permanentes de família.

O relacionamento de Adão e Eva entre si e com o Senhor tinha todas as marcas de uma aliança selada por um juramento — um *sacramentum*. Os dois primeiros seres humanos não eram somente amantes: eles estavam unidos de maneira sacramental; isto é, eram casados. E dessa aliança surgiu toda a humanidade[1].

Eis aqui a parte realmente bela deste laço sacramental singular: de acordo com os rabinos antigos, ele fora selado no dia que representa o sinal da aliança de Deus com toda a humanidade: o Sabá. No início do Gênesis, Deus organiza todas as partes do universo nos primeiros seis dias, mas a criação não está completa até o Seu dia de descanso. É claro, Deus nunca *precisa* descansar; porém, este sétimo dia — este

---

1   Ver John Grabowski, *Sex and Virtue: An Introduction to Sexual Ethics,* University of America Press, Washington, 2002.

Sabá — é um convite à humanidade para que também descanse e, assim, participe da vida interior de Deus.

O casamento de Adão e Eva é selado no mesmo dia que determina a aliança de Deus com o ápice de Sua criação. Este vínculo sacramental estabelece um fundamento não só para todas as gerações futuras da humanidade, mas também para todas as futuras alianças — tanto entre as pessoas como entre Deus e o Seu povo. O matrimônio não é só a primeira sociedade humana; é, em certo sentido, o primeiro sacramento.

***

O casamento, então, é a sociedade primeira e fundamental. Do casamento surgem e tomam forma todas as outras sociedades. Essa conexão intrínseca entre casamento e sociedade sugere que as naturezas trinitária e sacramental do casamento têm algo a nos ensinar sobre as sociedades humanas em geral.

O aspecto trinitário do casamento ensina-nos que participamos mais plenamente da semelhança com Deus quando estamos em comunhão com os outros. Recordemos que a solidão foi a primeira parte da criação que o Senhor anunciou que «não era boa». A comunidade não é, no entendimento católico, uma limitação desnecessária à nossa personalidade e individualidade. Pelo contrário, uma sociedade bem estruturada nos ajuda a realizar o nosso verdadeiro ser: o ser de quem é feito para buscar o Senhor, para encontrá-Lo e para passar a eternidade unido a Ele.

Da mesma forma, a natureza sacramental do casamento aponta para a orientação divina da sociedade humana. O casamento é um relacionamento testamental que reflete a aliança de Deus com a humanidade (e com a Igreja em particular). Do mesmo modo, a sociedade deve reconhecer e refletir os nossos deveres pactuais para com o Senhor. Seria assaz estranho se as comunidades baseadas na instituição

A PRIMEIRA SOCIEDADE

sacramental do casamento fossem simples invenções seculares, sem orientação alguma a Deus e ao bem. Seria mais que estranho, na verdade; não faria nenhum sentido.

É disto que tratará o restante deste livro: as implicações da verdade do casamento para a sociedade e o Estado. Primeiro, entretanto, examinemos a história cultural do casamento, onde vemos esta verdade ser consistentemente reconhecida, mas sempre aplicada de maneira imperfeita.

CAPÍTULO 3

UMA SOCIEDADE ASSOMBRADA PELO CASAMENTO

Cresci em Pittsburgh, não muito longe da cidade de Ambridge, Pensilvânia, que já teve a fama de ter mais igrejas e mais bares *per capita* do que qualquer outra cidade na América.

Incorporada em 1905 como uma cidade empresarial da American Bridge Company (daí o nome), Ambridge fica a pouco mais de oitenta quilômetros da minha casa atual em Steubenville, ao longo do rio Ohio. Como a maioria das cidades nesses vales fluviais, Ambridge vem perdendo habitantes e indústrias há décadas. Hoje há ali cerca de um terço da população que havia em 1930.

Sem pessoas que as frequentem, muitas das igrejas — e, sim, até mesmo alguns dos bares — agora estão fechadas e vazias. As estruturas abandonadas das igrejas são bem óbvias, enquanto os bares exigem uma observação mais atenta — uma placa quebrada aqui, um vidro estilhaçado numa janela ali.

Mesmo assim — e este é o meu argumento —, a infraestrutura de Ambridge nos dá uma ideia do que as gerações

41

anteriores valorizavam: adoração e convivência. No fim dos longos dias nos moinhos e fábricas, eles se reuniam em torno do cálice do Senhor e dos copos do Iron City, o boteco local. Mesmo com a falta de reformas, as instituições construídas pelos habitantes dessa cidade resistem de modo perceptível.

Eu poderia dizer muito mais. Em quase toda esquina, por exemplo, parece haver um estabelecimento ainda aberto ou há muito fechado de algum clube ou associação. Essas instituições nos lembram a importância do apoio social e financeiro mútuo a pessoas cujo sustento muitas vezes dependia totalmente de um ciclo econômico.

Seria um exagero dizer que Ambridge é uma cidade-fantasma, mas de certo modo ela é assombrada pelas condições econômicas e sociais de seu passado. A cidade foi construída para uma época diferente, e podemos aprender mais sobre essa época observando o que resistiu — especialmente o que parece não fazer mais sentido em nosso mundo moderno.

A nossa sociedade é assombrada pela cultura matrimonial e familiar que costumava estruturá-la e dar-lhe forma. Muito daquilo a que estamos acostumados nos Estados Unidos de hoje só faz sentido no contexto de tal cultura. Ainda assim, essa cultura já se foi e a infraestrutura, humana e arquitetônica, permanece. Neste capítulo observaremos o que acontece quando o casamento entra em decadência, a exemplo das fábricas do Vale do Rio Ohio.

***

No capítulo anterior, descrevi o casamento como a «primeira sociedade» porque ele é a comunidade humana básica da qual derivam todas as outras. Também podemos pensar de outra maneira esse conceito, porém: a família é a primeira sociedade de que as crianças têm ciência e fazem parte. Bem ou mal, essa primeira comunidade em que são criadas as

UMA SOCIEDADE ASSOMBRADA PELO CASAMENTO

preparará para participar daquelas comunidades maiores que elas integrarão pelo resto de suas vidas.

É isso o que queremos dizer quando falamos que as famílias dão forma à sociedade e a estruturam. Os prédios que podem ser construídos com Tinker Toys são diferentes dos que se constroem com Lego; e, independentemente da marca do brinquedo, peças tortas ou distorcidas resultarão em estruturas instáveis. A matéria-prima determina em grande parte qual será a aparência do produto final. Assim, a família dá forma e processa a matéria-prima da sociedade. O quão bem (ou mal) as famílias fizerem esse trabalho determinará a estrutura e a estabilidade da comunidade em geral.

Embora o homem seja uma criatura naturalmente social («Não é bom que o homem esteja sozinho»), este aspecto de nossa natureza vive em constante tensão com o egocentrismo que resulta da Queda e de nossas tendências pecaminosas de todos os dias. Uma das funções mais importantes da família está em ser o primeiro lugar em que os jovens aprendem a colocar as necessidades de outros indivíduos e da comunidade acima das suas.

Esta formação dos jovens começa com o relacionamento entre marido e mulher. A mãe e o pai são as primeiras pessoas que toda criança passa a conhecer; eles proporcionam aos seus filhos a primeira experiência do que a vida em comunidade exige. Se os pais demonstrarem a prioridade das necessidades alheias e dos objetivos coletivos em detrimento de suas próprias preocupações, esse espírito determinará como os filhos conceberão as responsabilidades sociais mais tarde. Por outro lado, se os pais agem como indivíduos que buscam os próprios interesses e vivem sob o mesmo teto apenas incidentalmente, esse individualismo lhes será transmitido.

A ética da responsabilidade mútua que se forma nas famílias é o tecido que liga a sociedade. Quando esse tecido conector se enfraquece, não importa o quão fortes e independentes seus membros sejam individualmente: o movimento da totalidade do corpo em direção a fins comuns será desajeitado, irresoluto ou até impossível. (Discutirei logo mais a importância do bem comum para o pensamento social católico.) É isso o que acontece quando casamentos deixam de ocorrer ou são infectados pelo espírito do individualismo radical.

Por outro lado, quando esse tecido conector se fortalece — quando os jovens são formados com um sólido espírito de responsabilidade pelo bem de todos os membros da comunidade e da comunidade como um todo —, o corpo social move-se em direção às metas comuns com agilidade e graça. Mesmo quando alguns membros individuais são fracos e dependentes, eles acabam sustentados com confiança por todos à sua volta. É isso o que acontece quando os casamentos são plenos e fortes.

Todas as sociedades humanas tomam, por fim, a forma e a estrutura das famílias que as compõem. Uma cultura matrimonial em processo de desintegração conduzirá a uma sociedade que se desintegra. Mas você não precisa concordar com as minhas palavras para enxergar isso. Basta olhar à sua volta.

***

Comecei este livro dizendo que não é o momento para nostalgia. Mesmo assim, podemos olhar à nossa volta e notar os ecos de uma cultura que valorizava mais e vivia muito melhor o casamento do que fazemos hoje. Embora não possamos voltar no tempo, é possível aprender com essas reflexões a respeito de como a sociedade adquire o formato de suas famílias.

Visite qualquer bairro construído há mais de duas gerações e você verá um lugar construído não para indivíduos isolados, mas para *famílias* que levavam vidas conectadas. Tanto na cidade como nos subúrbios, você encontrará casas, ruas, cal-

UMA SOCIEDADE ASSOMBRADA PELO CASAMENTO

çadas e espaços públicos adequados para uma caminhada até a casa de amigos, até o balcão do restaurante ou para brincar ao ar livre. Isso não era assim porque os adultos desejavam «comunidades caminháveis» como um estilo de vida pessoal; isso era assim, antes, porque, pelo menos em parte, como as ruas pululavam de crianças, construir espaços adequados à sua forma limitada de deslocamento fazia total sentido! (Empreendimentos desse tipo hoje, mesmo se construídos para imitar os bairros de antigamente, ainda assim resultam diferentes, pois são pensados para acomodar uma sociedade menos afeita ao matrimônio. É mais provável, por exemplo, que os espaços públicos desses novos bairros sejam praças asfaltadas, ideais para degustar um café, do que espaços abertos feitos para brincar de polícia e ladrão.)

Talvez o exemplo mais óbvio das ruínas de uma cultura voltada para o matrimônio esteja na própria Igreja. Em qualquer cidade americana que tenha alcançado a maturidade há mais de algumas décadas você encontrará estruturas vazias de igrejas católicas. Frequentemente, não se tratará só de igrejas em desuso: você verá escolas, conventos e reitorias inutilizadas. Às vezes estão abandonados; às vezes são respeitosamente reutilizados; às vezes, tragicamente, acabam por ser reutilizados de forma blasfema.

Parte dessa mudança deve-se a alterações na distribuição populacional. Mas isso não explica o encolhimento brutal do número de católicos em regiões inteiras, e certamente não explica o colapso das vocações sacerdotais e religiosas em toda parte.

A verdade é que os católicos contribuíram para o desmonte da cultura matrimonial tanto quanto qualquer outro grupo. A nossa infraestrutura foi construída para uma cultura que gerava crianças suficientes e provindas de famílias intactas para preencher amplas igrejas, escolas, conventos e reitorias. Essas crianças aprendiam sobre a fé e desenvolviam uma identidade católica distinta por meio de tradições familiares e comunitárias e da dedicação à fé.

Esse processo de formação da identidade, como se pode ver, é uma das perdas mais sérias decorrentes da perda da cultura matrimonial.

***

Não se pode citar uma palavra isolada de seu contexto. Bem, é até possível fazê-lo, mas sem os complementos necessários ninguém saberia do que se está falando. Embora cada palavra tenha a sua definição individual, elas recebem boa parte do seu sentido a partir das outras palavras ao seu redor. Um *balde* cheio de água e sabão em que se mergulha um esfregão e um *balde* cheio de cimento revestindo os pés de um delator evocam imagens e emoções diferentes.

Em suma: as palavras precisam de contexto. Toda palavra faz parte de uma locução; toda locução faz parte de uma oração; toda oração faz parte de um parágrafo; todo parágrafo faz parte de um texto mais amplo. Cada nível dessa cadeia de linguagem adquire sentido a partir do contexto oferecido pelos níveis mais elevados. O resultado não é apenas uma narrativa ou um raciocínio, mas um tipo de ecossistema. Para fazer sentido, todas as partes dependem, de algum modo, de todas as outras.

Isso se assemelha ao modo como nós, seres humanos, formamos nossas identidades. Todos temos aspectos que são verdadeiramente nossos, mas a maior parte de nossa identidade provém do contexto em que estamos inseridos — os indivíduos com os quais passamos o nosso tempo e as comunidades de que somos parte.

Apenas pense em todas as palavras que você usaria para se descrever — desde o time para o qual você torce até suas crenças políticas e religiosas. Com a exceção de traços básicos

UMA SOCIEDADE ASSOMBRADA PELO CASAMENTO

de personalidade e caráter, tudo o que contribui para a nossa identidade vem das comunidades a que de alguma forma nos afiliamos: nossa família, nosso bairro, nossa cidade, nosso partido político, nosso contexto étnico ou nacional e, o mais importante, nossa Igreja. O que esses aspectos de nossa identidade significam para nós, portanto, é influenciado por essas comunidades e pelas pessoas que as compõem.

Fazemos parte de um ecossistema social; é perfeitamente natural que formemos o nosso senso de individualidade — a nossa identidade — a partir das pessoas, comunidades e instituições desse ecossistema que confere estrutura e sentido às nossas vidas. E o casamento é o ponto central desse ecossistema.

Foi exatamente isso que o sociólogo Robert Nisbet mostrou em seu *The Quest for Community*. Ele reconheceu que as comunidades que têm funções sociais importantes em nossas vidas, como as famílias, as paróquias e os clubes, estruturam a nossa rotina cotidiana e, assim, contribuem para a nossa identidade. Porém, quando as funções dessas comunidades desaparecem ou são substituídas, a sua força enquanto instituições formadoras da identidade também desaparece.

Já em 1953, Nisbet reconheceu que a tendência das sociedades ocidentais modernas era a desintegração das comunidades que nos dão estrutura e identidade — a começar pelo casamento. Mais de sessenta anos depois, estamos experimentando a fase mais recente, e talvez terminal, desse processo de desintegração. Já que as nossas instituições tradicionais de formação identitária murcharam, para onde estivemos olhando para formar as nossas identidades? Em nossa cultura profundamente individualista, o primeiro lugar disponível para consulta era óbvio: dentro de nós mesmos.

Scott Hahn 🙢 A PRIMEIRA SOCIEDADE

***

Desde a criação de Eva por Deus, nenhum ser humano jamais viveu verdadeiramente sozinho — e, mesmo antes de Eva, Adão tinha Deus bem ali ao seu alcance. Séculos antes de Cristo e mais de um milênio antes de São Tomás de Aquino, Aristóteles ensinava que o homem é um animal social — que temos a necessidade de viver *juntos* e trabalhar pelo bem *do outro*. Mesmo nestes tempos de desintegração e individualismo, todos começamos a vida com pelo menos uma outra pessoa ao lado: a mãe.

Ainda assim, a grande moda do momento é a «autoidentificação», e quatro palavras que teriam sido incompreensíveis poucas décadas atrás agora são pronunciadas com naturalidade: «Eu me identifico como...». A ideia é que podemos decidir por nós mesmos o que constituirá a nossa identidade: atrações sexuais, gênero e até, em casos mais estranhos, a raça. Acreditamos que podemos criar sentido para nós mesmos sozinhos, sem fazer referência a outra pessoa, comunidade ou instituição. Achamos que podemos estar sozinhos e, estranhamente, julgamos que é bom estar sozinho.

No fundo, porém, a identidade é quase sempre uma *participação em* e uma *adição a* uma história maior do que nós mesmos. «Hahn» é um nome alemão e, portanto, de alguma forma tênue, eu *participo* e *acrescento* algo à experiência germano-americana; o que não posso fazer é decidir sozinho o que significa ser germano-americano, ou que não quero mais ser germano-americano. Isso revelaria um narcisismo capaz de corar o próprio Narciso.

O mesmo vale para comunidades menores do dia a dia. A família de cada um, por mais problemática que seja, forma-o de um modo que não pode ser escolhido e nem totalmente desfeito. Somos todos produtos de comuni-

UMA SOCIEDADE ASSOMBRADA PELO CASAMENTO

dades — mesmo que se trate somente da comunidade de uma mãe e seu filho.

A verdade é que a autoidentificação radical é impossível. Os seres humanos simplesmente não foram criados dessa maneira. Em vez de livre, o indivíduo assim desarraigado vê-se nu diante do poder irresistível de instituições formadoras muito maiores, menos orgânicas e geralmente menos bem-intencionadas.

***

Robert Nisbet escreveu a sua obra em meio às consequências do apogeu e da queda do fascismo europeu e durante a longa tirania do comunismo soviético. Assim, quando investigou instituições que buscavam substituir os casamentos desintegrados e as comunidades voltadas para o matrimônio, naturalmente olhou para o Estado — ou seja, ele viu no totalitarismo de meados do século XX os frutos da falência da sociedade civil.

Todos desejamos participar de uma história — de uma identidade — maior do que nós mesmos. Isso é parte do que significa ser uma criatura social, mas também um reflexo do nosso desejo natural de participar da vida de Deus. Tudo faz parte da nossa natureza.

O individualismo torna-nos frios. Individualmente e como sociedade, sentimos certa euforia temporária de libertação, mas então caímos em nós mesmos: e agora? Onde encontraremos sentido? De que histórias fazemos parte? Em que contexto encontramos a nossa individualidade?

Nisbet aponta para o Estado. Uma vez que todas as instituições intermediárias da sociedade civil são esvaziadas, encontramos significado, propósito e identidade no Estado — em sua autoridade, em sua estabilidade e nos grandes mitos (em geral, mitos étnicos exclusivistas) que ele constrói para si. O Estado torna-se a fonte primária de identidade para um povo desarraigado.

Nós podemos e devemos expandir essa análise. Numa era de capitalismo consumista global e hegemônico, as instituições do mercado oferecem outra fonte de formação identitária. Num dado momento essas instituições tiveram, em grande parte dos casos, um caráter local — lojinhas familiares e afins —, e por isso compunham parte do tecido social que formava identidades e *isolava* os indivíduos do poder. Agora, após criarmos e reforçarmos a lealdade do consumidor a multinacionais e tornarmos o sustento das pessoas completamente dependente dessas organizações, o mercado tornou-se tão distante, impessoal e caprichoso quanto o Estado.

Mais que isso, os envolvimentos atuais entre os interesses corporativos e a administração estatal mostram que as autoridades civis e as corporações com fins lucrativos estão normalmente de conchavo: eles têm o interesse conjunto de tornar os indivíduos dependentes do Estado e do mercado (ou pelo menos de interesses preferenciais dentro da estrutura de mercado) no que diz respeito à formação de sua identidade e, até mesmo, à sua existência. Quando o casamento — o tecido conector da sociedade civil — se desintegra, o Estado e o mercado são as únicas opções que restam.

Isso pode trazer um sentimento inicial de estabilidade, quiçá até de permanência. Afinal, comparados às paróquias, às associações e até aos cônjuges, a burocracia federal, o McDonald's e a Proctor & Gamble parecem eternos e imutáveis — quase como o próprio Deus. Na realidade, porém, essa disposição está longe de ser sustentável.

***

Vivemos numa época marcada pelo receio e pela insegurança. Não se trata apenas do medo da guerra contra o terrorismo; trata-se do medo de perder um emprego ou de enfrentar uma

UMA SOCIEDADE ASSOMBRADA PELO CASAMENTO

crise de saúde custosa. É a sensação de caminhar sobre as águas e jamais saber quando virá a próxima onda.

Não há nada de novo na insegurança política e econômica, e na verdade as coisas já foram bem piores do que estão agora. Mas, há pelo menos uma geração, a sensação de inquietação é sem dúvida mais aguda e mais disseminada do que em qualquer época.

Uma das razões principais para essa inquietação subjetiva e essa instabilidade econômica e política objetiva que a acompanharam é o colapso da cultura matrimonial. Como já disse várias vezes (afinal de contas, é o tema deste livro), Deus nos fez para sermos interdependentes. A dependência mútua dos seres humanos, expressa mais plenamente no casamento, é, por um lado, um reflexo distante da relação entre as pessoas da Trindade; e, por outro, um lembrete de que dependemos, em última instância, dessa Trindade. Não conseguimos ficar sozinhos (e nem devemos tentar) porque não fomos feitos para ficar sozinhos.

Quando o espírito do matrimônio e da família é substituído pelo espírito do individualismo, nossa dependência não desaparece, mas é transferida. Tornamo-nos dependentes de um número menor de pessoas e instituições, as quais são mais distantes e se importam menos conosco do que o complexo tecido civil orgânico. Essas instituições distantes — governos, empresas e afins — são vistas como elementos estáveis, mas uma tal estabilidade é burocrática e impessoal. Elas continuarão a existir, e até a prosperar, quer você prospere ou não. O nosso bem-estar — físico, financeiro, emocional — parece estar cada vez mais sujeito aos caprichos de forças que não podemos controlar. A dependência *mútua* foi substituída pela dependência *de mão única* dos menos poderosos em relação aos mais poderosos.

Na visão cristã de sociedade, devemos ser Jesus uns para os outros. Isso é mutualidade. Na sociedade individualista, instituições distantes e poderosas não agem como Deus, mas tentam *substituí-Lo*. E isso é servidão. Diferentemente do Deus de amor que nos criou e adotou em sua própria família, o deus dos governos e mercados é autocentrado e não se importa conosco. O homem não foi criado para viver assim, e por isso não deveríamos nos surpreender se parecer, de um modo difícil de descrever mas impossível de ignorar, antinatural, estranho e amedrontador. E é por isso que não pode durar.

CAPÍTULO 4

O CASAMENTO É IMPOSSÍVEL

Joseph Heller publicou *Catch-22* em 1961 — durante a ágil mudança cultural que marcou a minha infância. Heller antecipou o futuro movimento antiguerra ao usar a Segunda Guerra Mundial — arquétipo de intervenção militar virtuosa por parte dos Estados Unidos — como pano de fundo para a sua história sobre o absurdo da guerra na época da burocracia.

Esse era um livro adequado para a incerteza e os questionamentos crescentes das normas e estruturas tradicionais de poder. Embora muitos suspeitem da obra por esse motivo, o conceito de «catch-22» de Heller pode nos ensinar algo importante sobre o absurdo da cultura secular liberal de que ele surgiu.

O termo «catch-22» entrou para o vocabulário americano para descrever um problema insolúvel — de modo especial, um problema para o qual a única solução é vedada por algo contido nas regras do próprio problema. No romance, Heller descreve as diretrizes burocráticas que governam a missões de voo para a Europa a partir de uma base mediterrânea: se você estiver com algum desequilíbrio mental, não precisa partir em missão; mas, se pedir isenção, isso prova que, na verdade, encontra-se estável o suficiente para voar. Não há escapatória.

O secularismo define um «catch-22» semelhante para a sociedade. Temos um problema, que é essa sociedade esvaziada de sua própria substância, isto é, de casamentos estáveis e laços familiares duradouros. A solução, obviamente, seria a restauração de uma robusta cultura matrimonial, em que maridos e esposas se vissem apoiados em sua aliança permanente de fidelidade e, com a graça de Deus, também na geração de filhos. Nada menos que isso será satisfatório.

No entanto, isso exigirá mais do que apenas belos casamentos retratados em séries de TV e programas de governo voltados a jovens casais. Dependerá também de uma compreensão pública da *sacramentalidade* do casamento — de que o casamento é mais que um contrato feito em cartório, que se trata de uma aliança de que participa o Senhor do Céu e da Terra. Mas o secularismo, que insiste num debate público totalmente desprovido de ideias e compromissos religiosos, não pode tolerar isso. O secularismo não só corrói o tecido conector da sociedade; ele também impossibilita a sua substituição.

***

No filme *A princesa prometida* (1987), o egocêntrico antagonista Vizzini tem o hábito de exclamar «Inconcebível!» em momentos nos quais a palavra não é muito apropriada. Inigo Montoya, um dos heróis do conto, por fim cansa de escutá-lo e calmamente o informa: «Você não para de usar essa palavra. Ela não significa o que você está pensando».

Essa é uma das falas mais famosas do filme, e talvez uma das mais citadas pela última geração — entre outros motivos, porque pode aplicar-se a muitas circunstâncias. Todos

O CASAMENTO É IMPOSSÍVEL

conseguimos nos lembrar de ocasiões em que não compreendíamos determinada palavra ou conceito que usávamos e de como a confusão resultante pode às vezes ser engraçada (como o contraste entre o exagerado Vizzini e o impassível Inigo Montoya); outras vezes, porém, ela também pode ser disruptiva e até perigosa.

Nós concebemos a realidade por meio de palavras; se usarmos as palavras de maneira imprecisa ou imprópria, isso pode mudar a maneira como vemos a nós mesmos e o mundo à nossa volta. O efeito inverso também é possível: o modo como vivemos influencia como pensamos as palavras e conceitos que descrevem a nossa experiência.

Esse é o caso do matrimônio. Falamos sobre ele o tempo todo porque constitui, até para os não casados, uma parte importante de nossas vidas. Mas será que compreendemos totalmente o que queremos descrever com a palavra «casamento»? Como Inigo Montoya, estou aqui para dizer: você não para de usar essa palavra. O significado dela é outro.

E a culpa não é sua — bem, pelo menos não inteiramente. A verdade é que o modo como a nossa cultura vem praticando o casamento é tão distante da realidade plena da instituição — e sobretudo de sua natureza sacramental —, e isso dura já tanto tempo, que a compreensão majoritária de casamento tornou-se quase irreconhecível. A situação é tão grave que a maioria das pessoas acha que o casamento não tem qualquer natureza intrínseca, que não passa daquilo que o fazemos ser. Os únicos limites são a logística burocrática e a nossa imaginação. O casamento pode ser tudo, e por isso acaba não sendo nada.

No entanto, mesmo quando temos uma ideia bem formada do que é o casamento, ela normalmente diz respeito, em primeiro lugar, à sua dimensão de instituição civil, com uma camada de sentido «religioso» por cima. O casamento «verdadeiro» está registrado no cartório judicial do município, e o sacramento é um bônus conveniente. É por isso, em parte, que a recente crise da compreensão política do casamento tem sido tão desafiadora: como a nossa concepção já estava relacionada primariamente à lei civil, as mudanças nessa lei impactaram a nossa visão a respeito da instituição mesma.

Mas imaginemos que o casamento tenha uma natureza independente da lei civil — isto é, que o Estado tem o dever de reconhecer e proteger a verdade do casamento em vez de redefini-la a nosso bel-prazer. De onde provém essa natureza? Ela seria consequência da realidade da natureza humana — de nossa biologia, de nossa orientação à vida em comunidade e da busca de bens que só conseguimos discernir pela razão? Ou seria a natureza do casamento verdadeiramente sobrenatural — definida e ordenada por Deus em Sua revelação da verdade à humanidade?

***

O casamento é, em primeiro lugar, uma instituição natural. Faz parte da condição humana que um homem e uma mulher se unam para formar uma família. Isso não é uma afetação cultural, política ou econômica (a preeminência da *família nuclear* o é, mas esse é um tópico para outro capítulo); antes, é parte integrante de nossa própria natureza.

Os defensores da liberação sexual dão como exemplo esta ou aquela espécie animal para a qual o acasalamento não resulta em vínculo permanente e dizem: «A-rá! O casamento monogâmico não é "natural" de jeito nenhum!». Esse tipo de reação, porém, compreende de modo completamente errado o caráter natural do casamento. Dizer que uma instituição ou comportamento é «natural» para seres humanos não significa simplesmente que «pode ser observado no mundo natural». Se fosse assim, tudo seria permissível. (Deve-se notar que esses progressistas nunca falam dos louva-a-Deus, que prati-

O CASAMENTO É IMPOSSÍVEL

cam canibalismo sexual — o consumo do macho pela fêmea durante o acasalamento —, quando buscam exemplos de animais cujas práticas sexuais os humanos deveriam imitar.) Da mesma forma, dizer que algo é «natural» para o ser humano não quer dizer que o desejo por aquele comportamento possa ser comumente observado em sociedade. Podemos desejar um sem-número de coisas, desde a gula até o assassinato, que desrespeitem a nossa humanidade característica. Quando dizemos que o casamento é uma instituição natural, queremos dizer que ela se adequa à nossa natureza única de seres humanos. Isso significa que os comportamentos das girafas, dos golfinhos ou dos porcos-espinhos são irrelevantes, assim como também o são os nossos desejos desordenados, que racionalizamos como instintos irresistíveis.

O que é, então, o casamento enquanto instituição natural para os seres humanos? A formulação tradicional usada na apologética matrimonial católica diz que ele possui três atributos essenciais: permanência, exclusividade e abertura à vida. Posto de maneira simples, essas normas são essenciais à entrega total de si mesmo pressuposta pela sexualidade humana. Se duas pessoas realmente se tornam «uma só carne», então esse vínculo não pode ser quebrado, essa união não permite a participação de outros e esse dom de si não pode ser limitado com a exclusão artificial da procriação.

Em uma carta citada na encíclica *Casti connubii*, do papa Pio XI, afirma-se que as normas que associamos ao casamento cristão também são inerentes ao casamento natural:

> Por isso se vê claramente que o matrimônio, ainda no estado de natureza e certamente muito antes de ter sido elevado à dignidade de sacramento propriamente dito, importava consigo, pela sua divina instituição, a perpetuidade e a indissolubilidade do vínculo, de modo que não pudesse ser dissolvido depois por nenhuma lei civil. É por isso que, embora o casamento possa

existir sem o Sacramento, como entre os infiéis, ainda nesse matrimônio deve, todavia, existir e certamente existe aquele vínculo perpétuo, que desde a primeira origem é tão inerente ao matrimônio e que não está sujeito a nenhum poder civil[2].

Não é necessário, portanto, afirmar a fé católica (ou qualquer outra) para compreender ou contrair um casamento natural. O matrimônio, com todas as suas normas e deveres, é parte da condição humana, e não uma coisa exclusiva do catolicismo.

Mas esse não é o fim da história. O matrimônio também é um sacramento, e essa verdade traz à tona novas reflexões.

***

Em uma cultura que impõe o secularismo a todas as esferas da vida pública, e sobretudo na política, pode parecer tentador se prender aos elementos naturais do casamento. Afinal, sua natureza sacramental não é apenas religiosa, mas também sectária. Abordar a dimensão sacramental acentua as diferenças entre a compreensão católica do casamento e a compreensão limitada da sociedade.

A verdade, no entanto, é que o natural e o sacramental não podem ser dissociados por completo. Quando o Nosso Senhor instituiu o sacramento do Matrimônio, não acrescentou uma nova camada ao casamento natural; seria mais preciso dizer que Ele *reinstaurou* e *aperfeiçoou* o casamento natural em todo o seu desafio e esplendor. Eis como Pio XI descreveu a transformação da lei original do matrimônio em sacramento:

Portanto, embora antes de Cristo a elevação e severidade da lei primeva tenha sido moderada, de modo que Moisés permitiu

---

2 Pio XI, Carta encíclica *Casti connubii* (31 de dezembro de 1930), 34, citando Pio VI, *Rescript. ad Episc. Agriens* (11 de julho de 1789).

O CASAMENTO É IMPOSSÍVEL

> ao povo eleito de Deus, por causa da dureza de seus corações, que uma carta de divórcio fosse dada em certas circunstâncias, Cristo, em virtude do Seu poder legislativo supremo, anulou essa concessão de maior liberdade e restaurou a lei primeva em sua integridade com aquelas palavras que jamais devem ser esquecidas: «O que Deus uniu, não o separe o homem»[3].

Sem a graça que flui do sacramento do Matrimônio, até o casamento natural fazia-se tão difícil que Moisés foi compelido a fazer exceções. É o sacramento que torna o casamento possível, tanto pessoalmente quanto como instituição social fundamental; é o sacramento, portanto, que possibilita a formação de sociedades humanas sustentáveis.

E assim, embora um casal que adentra um matrimônio natural sem o benefício do sacramento na maioria dos casos contraia núpcias verdadeiras, com todos os deveres que isso implica, ele é como um time de futebol sem técnico — legítimo, mas ainda assim carente de um elemento que provê a ordem e o apoio necessários para o sucesso.

O sacramento confere a graça de Deus que se faz necessária para viver até mesmo as exigências mais básicas do casamento natural. Citando o Concílio de Trento, Pio XI explicou de forma eloquente o que significa a elevação do casamento ao nível de sacramento:

> Pois para os cristãos [sacramento] não é um nome vazio ou sem sentido. O Senhor Cristo, Instituidor e «Aperfeiçoador» dos santos sacramentos, ao elevar o matrimônio de Seus fiéis à dignidade de um verdadeiro sacramento da Nova Lei, fez dele um sinal e fonte daquela graça interna peculiar pela qual «se aperfeiçoa o amor natural, se confirma uma união indissolúvel e são santificados tanto o homem como a mulher»[4].

---

3   *Ibidem*, 34.

4   *Ibidem*, 39, citando o Conc. Trid., Sess. XXIV.

Scott Hahn ✠ A PRIMEIRA SOCIEDADE

O casamento pode ser uma instituição natural, e os casamentos naturais são reais; no entanto, excluir o caráter sacramental é excluir a graça que «aperfeiçoa», «confirma» e «santifica». A compreensão puramente natural de casamento, portanto, é radicalmente incompleta.

***

Escondida sob as digressões a respeito do consentimento matrimonial no Catecismo da Igreja Católica, encontra-se uma declaração bela e profunda sobre a natureza do casamento cristão:

> O casamento sacramental é um ato litúrgico... [que] introduz num *ordo* eclesial. (1631)

O Catecismo explica que o conceito de *ordo* (ordem) deriva do entendimento romano de «um corpo civil estabelecido» (1537). Na Igreja, portanto, os membros de uma ordem têm responsabilidades especificamente prescritas dentro do Corpo mais amplo de Cristo, do mesmo modo como as instituições civis têm responsabilidades específicas dentro da sociedade. E essa «ordem eclesial» só existe dentro da Igreja e não faz sentido fora dela. A plenitude do casamento, portanto, é salvaguardada dentro da Igreja e pela Igreja.

Ademais, o termo para a iniciação numa ordem é *ordenação*. Para nós, modernos, *ordenação* passou a significar somente a iniciação ao sacerdócio a que chamamos Sacramento das Santas Ordens, mas o matrimônio também é, de fato, um tipo de ordenação.

Assim, quando dizemos que o casal esposado preside a «igreja doméstica», não se trata de mera analogia. A família não é *como* uma igreja; ela é uma igreja sobre a qual os pais

O CASAMENTO É IMPOSSÍVEL

têm uma autoridade delegada pela Igreja. Assim como um sacerdote paroquiano recebe as almas dos fiéis de sua igreja em confiança, as almas dos filhos também são confiadas a seus pais.

Essa é uma responsabilidade verdadeiramente impressionante... e não é opcional; é parte do que significa ser casado. Como podemos cumprir os deveres eclesiais da ordem do matrimônio juntamente com todas as outras normas intrínsecas à instituição? É por isso que o casamento é um sacramento: do mesmo modo como a graça conferida pelas Sagradas Ordens dá aos jovens as forças para cumprir os pesados deveres espirituais e temporais do sacerdócio, a graça conferida pelo matrimônio fornece aos casais os recursos necessários para o sucesso.

***

Ao longo do tempo, a Igreja desenvolveu modos de descrever a essência do casamento. Nos tempos iniciais da Igreja, Santo Agostinho escreveu sobre os três *bens* do casamento, que ele definia como *proles, fides* e *sacramentum*. Trata-se de aspectos do casamento que são inerentemente bons e que, por sua vez, resultam no bem dos esposos.

Proles, de que derivamos o termo «prolífico», refere--se à geração e criação de filhos — não apenas ao ato de tê-los, mas também ao de educá-los no amor de Jesus Cristo. *Fides*, de que provém o termo «fidelidade», diz respeito àquela fidelidade entre os esposos — não só à ausência de infidelidade, mas ao constante trabalho de entrega mútua de si ao outro. *Sacramentum*, de onde derivamos (como você já imagina) o termo «sacramento», refere-se à graça sacramental que provém do matrimônio — não somente à concessão inicial na missa de núpcias, mas ao relacionamento diário com Cristo que o casal cultiva.

Tradicionalmente, a Igreja também vem ensinando que o matrimônio tem três *finalidades*. Trata-se, mais precisamente, dos bens extrínsecos aos quais o casamento é ordenado, e não dos bens que emergem de dentro dele.

O fim primário do casamento, lembrando Agostinho, é gerar e educar filhos na fé. A finalidade secundária, deslocando o foco (ainda seguindo Agostinho) das crianças para o casal, é o auxílio mútuo entre os esposos, seja nas questões práticas da vida cotidiana, seja no árduo trabalho da santidade. A terceira finalidade, um pouco menos animadora, mas ainda assim importante, é o *remedium concupiscentiae* — o alívio da concupiscência, pelo qual os impulsos sexuais são canalizados de modo a honrar a Deus e à natureza humana.

Na *Casti connubii*, quando escreve sobre o «principal motivo» da instituição, Pio XI acrescenta outra camada à compreensão da Igreja sobre o matrimônio:

> Esta moldagem recíproca do marido e da esposa, este esforço determinado por aperfeiçoarem um ao outro, pode, de um modo muito real, [...] ser definido como o motivo central do matrimônio, contanto que o matrimônio seja visto não em seu sentido restrito de instituto para a concepção e educação adequadas à criança, mas mais amplamente como a fusão da vida como um todo e como o seu intercâmbio e troca mútua [5].

Antes disso, a linguagem da busca pela perfeição nesta vida geralmente ficava reservada, especialmente na mentalidade do católico médio, ao clero e aos religiosos. Achava-se que só esses estados de vida convinham, em si mesmos, como preparação para o céu. Mas aqui vemos que o matrimônio não só é um estado de vida — uma ordem eclesial — que pode nos aperfeiçoar na santidade, como também esse mútuo aperfeiçoamento dos esposos é o principal propósito do sacramento.

---

5   *Ibidem*, 24.

O CASAMENTO É IMPOSSÍVEL

***

Aqueles de dentro e fora da Igreja que favorecem o afrouxamento das velhas normas do casamento frequentemente argumentam que essas normas são tão rigorosas que se fazem impossíveis. Essas afirmações são sustentadas pela onipresença do divórcio e de casamentos falidos, seja na realidade de celebridades americanas e da realeza britânica, seja em qualquer outra família e comunidade. Parece que a única garantia de sucesso matrimonial vem da sorte.

A difícil verdade é que essas pessoas estão mais certas do que erradas: sem o sacramento é impossível reconstruir uma cultura matrimonial.

Isso não quer dizer que todo aquele que se casa sem o sacramento do Matrimônio se divorciará, cometerá adultério ou abandonará seus filhos. Quer dizer que somente a graça do sacramento consegue preservar o casamento da corrosão diária causada pela luxúria, pelo orgulho e pelo egoísmo. Não temos como hesitar em nossa busca pela santidade; se não estamos avançando, estamos retrocedendo. Só a infusão da graça que vem com o matrimônio pode sustentar o nosso impulso; sem ela, quer percebamos, quer não, inexoravelmente nos afastaremos de Deus.

Esses preceitos do casamento natural — permanência, exclusividade e abertura à vida — não devem ser considerados meras proibições. O casamento e a santidade geralmente não se resumem simplesmente a não cair; eles exigem, antes, que nos transformemos em Cristo. Esse é, lembremos, o «motivo central» da instituição. O exame de consciência conjugal não pode considerar apenas o aspecto negativo; ao contrário, deve acentuar os deveres positivos de avançar na dedicação (e não apenas evitar o rompimento), de crescer na fidelidade (e não apenas evitar o adultério) e de crescer na abnegação necessária à construção de uma família em que a vida seja bem acolhida e fomentada (e não apenas evitar a contracepção artificial).

A luxúria, em particular, exige constante vigilância. Embora a cultura popular apelativa não facilite o combate à luxúria, não podemos culpar a cultura por nossos conflitos; a batalha contra a luxúria ocorre no coração, e não na reclamação sobre «a cultura». A tentação sexual não foi inventada pelas agências de publicidade e produtores de cinema; ela nos acompanha desde a Queda.

Lembremo-nos das desafiadoras palavras de Jesus: «Ouvistes que foi dito aos antigos: Não cometerás adultério. Eu, porém, vos digo: todo aquele que lançar um olhar de cobiça para uma mulher já adulterou com ela em seu coração» (Mt 5, 27-28). Quando o então candidato à presidência Jimmy Carter confessou que «cometera adultério em seu coração» numa entrevista à *Playboy*, ele foi amplamente ridicularizado, mas esse foi um caso raro de figura pública que levava a sério o mandamento bíblico da pureza: ela começa na vida interior antes de manifestar-se no mundo visível.

O problema é que não queremos acreditar que a graça sacramental é *necessária* para viver o casamento com sucesso. Queremos acreditar que conseguimos fazê-lo sozinhos e que, embora outras pessoas (mais fracas) talvez precisem de ajuda, o nosso caráter é capaz de resistir ao assédio diário do demônio (que odeia o casamento precisamente por causa de sua qualidade santificante). E até quando aceitamos a importância da graça sacramental, podemos pensar nela como um tipo de bônus que melhora a experiência matrimonial, em vez de torná-la possível desde a base.

Isso pode parecer difícil e até desesperador, mas na realidade é o contrário. O casamento pode ser algo exigente, mas é um modo de vida muito belo! Que maravilha que o Senhor nos tenha dado esta instituição «aperfeiçoadora»,

O CASAMENTO É IMPOSSÍVEL

e ainda mais maravilhoso que nos tenha dado a graça de vivê-la plenamente!

E que maravilha é que nos tenha dado um exemplo de matrimônio perfeito para nos servir de modelo e inspiração: a Sagrada Família.

CAPÍTULO 5

O CASAMENTO PERFEITO

Todo pai ou mãe já se sentiu um fracasso alguma vez — alguns de nós com mais frequência que outros.

É fácil assumir uma visão romantizada da Sagrada Família, como se fosse composta de anjos e não de seres humanos. Mas, ainda que Maria e Jesus nunca tenham pecado, isso não quer dizer que não houve erros por parte dos pais. E não quer dizer que Jesus nunca tenha frustrado Seus pais terrenos.

Jesus tinha doze anos quando ficou para trás em Jerusalém após observar os ritos pascais. São Lucas relata que Maria e José haviam viajado um dia inteiro até perceberem que o Menino não viera. Qualquer pai pode identificar-se com o medo, a ansiedade e a vergonha que os pais de Jesus devem ter sentido ao darem meia-volta em direção a Jerusalém (cf. Lc 2, 41-51).

Mas imagine: Maria e José pensavam ter perdido não só um adolescente qualquer, mas *o Filho de Deus*. Este relato é frequentemente usado como uma analogia para descrever a experiência da noite escura da alma, que é quando alguém subitamente perde a confiança e a consolação que vêm da presença do Senhor. Nós nos perguntamos, como os pais de

Jesus devem ter se perguntado, se perdemos Deus ou, ainda pior, se Ele nos abandonou. Muitas vezes, saber racionalmente que Deus nunca nos abandona não é o suficiente para acalmar a ansiedade que nos assalta quando sentimos a Sua ausência de forma tão aguda.

Portanto, não nos deveria surpreender que as primeiras palavras da Santa Mãe ao seu precioso Filho, que ela só encontra depois de três dias inteiros de busca, sejam palavras de exasperação: «Meu filho, que nos fizeste?! Eis que teu pai e eu andávamos à tua procura, cheios de aflição». Mas o Cristo de doze anos gentilmente censura a Sua mãe com uma pergunta retórica: «Por que me procuráveis? Não sabíeis que devo ocupar-me das coisas de meu Pai?» (Lc 2, 48-49).

A reprovação de Jesus há de incomodar-nos como certamente incomodou os Seus pais, mas também deve nos servir de consolo, e por dois motivos. Primeiro, porque nem mesmo a Santa Mãe Imaculada entendia sempre os caminhos do Senhor tendo sentido a ansiedade trazida por Sua aparente ausência. Não deveríamos nós, que somos pecadores, supor que sentiremos as dores do abandono quando o Senhor parecer distante de nós? Em segundo lugar, e mais importante: a resposta de Jesus lembra-nos que podemos sempre encontrá-Lo no templo — o templo da Igreja, onde Ele permanece no tabernáculo, e o templo do nosso coração, onde ele permanece pacientemente à espera de que O busquemos.

Essa é a chave para entender a Sagrada Família: examinar Maria e José sempre acaba voltando a nossa atenção a Jesus Cristo. A comunidade primeira de que Jesus foi membro — Sua família — não incluiu ou diluiu a Sua identidade. Antes, Sua família acentuou a Sua natureza, tanto a humana quanto a divina.

A Sagrada Família deveria servir-nos para lembrar que as nossas famílias não devem tornar-se desculpas para ignorar Jesus, e sim um local onde se exiba a Sua graça, amor e ver-

O CASAMENTO PERFEITO

dade de uma forma mais brilhante do que qualquer indivíduo poderia exibir sozinho. Jesus, como todos nós, encontra a Sua plenitude em comunidade.

***

O Evangelho de Mateus começa com um fragmento que parece ter sido proposto como título: «Genealogia de Jesus Cristo, filho de Davi, filho de Abraão» (Mt 1, 1). Pode ser que você reconheça essa genealogia por meio dos leitores que tropeçam em nomes como «Aminadabe» e «Zerubabel» durante a Missa de Natal. Mas esta seção é muito mais que uma lista de nomes engraçados: trata-se da chave interpretativa para o Novo Testamento inteiro.

A palavra grega para «genealogia» é *geneseos*, que também pode significar «início» ou «origem». É de onde vêm palavras como «geração» e «genética». Também é daí que deriva o nome do primeiro livro da Bíblia: Gênesis. E assim, logo de cara, Mateus está dizendo aos seus leitores, que estavam familiarizados com as Escrituras judaicas, que Jesus Cristo é um novo início não só para o Povo Eleito, mas para todo o mundo.

Chamamos essa parte das Escrituras de «Novo Testamento», mas a palavra grega para «testamento» também pode significar «aliança». Então Mateus não está somente anunciando uma nova revelação de Deus, mas um novo relacionamento de aliança entre o Senhor e o mundo que Ele criou. De fato, seria igualmente preciso — e mais significativo — chamar os Evangelhos de Epístolas e a Revelação, de «Nova Aliança».

Observe que Mateus abre o seu livro sobre essa Nova Aliança com uma lista de laços familiares. Os conceitos de «aliança» e «família» estão intrinsecamente relacionados; juramentos de aliança, tais como aqueles usados para casamentos ou adoções, eram o meio de forjar relações familiares. Na Nova

Aliança, somos todos colocados numa relação familiar com o Senhor. O Catecismo da Igreja Católica o expressa numa concisão característica: «A Igreja não é outra coisa senão "a família de Deus"» (1655).

***

É por meio da Igreja e dos seus sacramentos (que assumem a forma de juramentos de aliança) que somos postos em relação familiar com o Deus trino. Era muito conveniente, então, que «Cristo *[quisesse]* nascer e crescer no seio da Sagrada Família de José e Maria» (cic, 1655). A natureza familiar da nossa relação com Cristo é modelada pelas próprias circunstâncias de Sua vida terrena.

Jesus poderia ter entrado em cena de supetão, e de muitos modos diferentes. Poderia ter-se materializado no deserto e aparecido como um adulto plenamente desenvolvido. Poderia ter sido criado numa corte real. Poderia ter descido do céu em meio a trovões, relâmpagos e fogos de artifício. Mas, em Sua sabedoria perfeita, decidiu que seria mais adequado à Sua natureza e à nossa nascer como qualquer outro bebê e ser criado por um carpinteiro e por uma jovem comum.

Frequentemente adoramos o presépio pensando: «Que humildade Ele demonstrou em, sendo Deus, nascer nessas condições!». Esse é um sentimento bom e verdadeiro, mas não devemos pensar que Jesus nasceu em uma situação que de alguma forma não Lhe era conveniente. A Sagrada Família — a sua pobreza, simplicidade, humildade — era oportuna *precisamente* para Ele. Foi nessa família perfeita que Ele demonstrou o modo de vida mais próprio dos filhos de Deus.

Do mesmo modo como a igreja doméstica serve como o primeiro centro de prática religiosa para crianças pequenas, a igreja doméstica da Sagrada Família foi a semente da Igreja. Pode-se até dizer que a Igreja é uma extensão da Sagrada Família.

O CASAMENTO PERFEITO

Por meio de Jesus Cristo, Maria e José foram as primeiras pessoas a serem postas numa relação familiar com o Senhor. Hoje, a Igreja é a expressão universal dessa família.

Quando chamamos nossos companheiros cristãos de «irmãos e irmãs em Cristo», não se trata de metáfora. Não estamos dizendo (e não deveríamos pensar) que os nossos irmãos em Cristo são apenas *fotocópias* de irmãos e irmãs reais, ou que deveríamos tratá-los *como se* fossem nossos irmãos e irmãs. Não, nós cristãos temos verdadeiramente um Pai adotivo comum no Deus Trinitário — o Deus de Abraão e de Moisés, o Deus que assumiu a nossa humanidade em Jesus Cristo. Somos uma família — não pelo sangue que recebemos de herança genética, mas pelo sangue de Jesus.

Como a primeira família e a primeira igreja do Novo Testamento, a Sagrada Família não é somente o modelo de comunidade familiar, mas o modelo de comunidade eclesial. Maria e José mostram-nos o que e quem podemos ser quando nos unimos a Cristo.

***

Nunca houve nem jamais haverá um casamento mais perfeito ou uma igreja mais perfeita que a trindade nazarena a que chamamos Sagrada Família. Maria e José estavam em contato constante com o Filho de Deus; toda a interação com Jesus era um tipo de oração. Eles submeteram-se à Sua divina vontade, ao passo que Ele humildemente Se submetia àquela autoridade terrena, numa «imagem temporal de sua obediência filial ao seu Pai celeste» (cic, 532).

Que incrível responsabilidade — ter autoridade de pai e mãe sobre o Filho de Deus! Embora possamos imaginar o peso de ser a mãe e o pai adotivo de Jesus, também temos motivos para acreditar que eles carregavam o peso com leveza. Afinal, a ambos (e especialmente Maria) foi confiada uma tremenda graça na Anunciação da vinda de Cristo, mas também depois, continuamente, enquanto passavam a vida na presença física e humana de Deus.

No entanto, eles ainda tinham de cooperar com esse derramamento de graça. Como todos nós, a família de Jesus gozava de livre-arbítrio. Apesar da Imaculada Conceição de Maria, ela não *tinha* de dar o seu *fiat* a Deus. José não *tinha* de assumir o potencial escândalo de esposar uma virgem grávida (quem acreditaria naquela história?). Eles não *precisavam* permanecer no caminho para o Calvário quando Simeão revelou a Maria, durante a apresentação de Jesus no Templo, que «uma espada transpassará a tua alma» (Lc 2, 35). E, ainda assim, todos os dias, por mais de trinta anos, foram adiante rumo a um cume que sabiam que seria doloroso, mas não o *quão doloroso*.

O seguinte pensamento pode nos ocorrer: «Se eu visse e falasse com Jesus todo o dia em minha casa, as coisas seriam mais fáceis e melhores! Maria e José tiveram grande vantagem na busca pela santidade». Mas essa é a questão: nós *temos* a vantagem da presença do Senhor. Podemos recorrer a Ele todos os dias, várias vezes por dia, assim como os Seus pais terrenos podiam. Podemos torná-Lo a peça central da vida em família. Podemos até, de maneira incrível e bela, encontrar a Sua presença plena e palpável na Eucaristia, tanto na Comunhão quanto na adoração.

Isso exige imaginação, mas, mais que isso, exige confiança — confiança em que Ele está ali e nos escuta mesmo que não possamos vê-Lo nem ouvi-Lo. Mais uma vez, a Sagrada Família nos serve de modelo. Maria e José tiveram de confiar nEle também, mesmo quando isso parecia quase impossível. Eles tiveram de confiar em que a Sua excursão adolescente ao Templo fora vontade de Deus, e não uma rebelião precoce. Tiveram de confiar em que a Sua partida para o ministério público não fora uma rejeição de três décadas inteiras de

O CASAMENTO PERFEITO

vida em família. E, o que é ainda mais impactante, tiveram de confiar em que a Sua entrega de Si mesmo às garras de Seus inimigos sanguinários seria, de alguma forma, positiva.

Não deveríamos olhar para a Sagrada Família como uma meta etérea e inatingível, mas como um exemplo daquilo que é verdadeiramente possível quando fazemos de Jesus o centro das nossas vidas. Afinal, essa é a essência da Nova Aliança: a extensão dos laços familiares com o Senhor a todo o mundo. A Sagrada Família mostra-nos o que isso significa. Cabe a nós cumpri-lo.

***

A Sagrada Família é mais do que mera parte e exemplo da Nova Aliança. De um modo muito real, Maria, José e Jesus são a manifestação terrena da própria aliança. Isto é, a Sagrada Família não é só (como eu já disse) a primeira igreja e a primeira família da Nova Aliança: como *a* família de Deus, a Sagrada Família é *a* Igreja e *a* família em sua perfeição essencial.

Ao longo dos séculos, santos e estudiosos referiram-se à Igreja como a «sociedade perfeita»[1]. Isso pode parecer uma afirmação ousada para qualquer estudante da história da Igreja ou para qualquer um que se mantenha em dia com as notícias. Ninguém pode negar que a Igreja foi repetidamente devastada por escândalos. E, mesmo assim, esse conceito de sociedade perfeita sempre foi usado, mesmo por pessoas bem familiarizadas com a corrupção humana que infecta a natureza divina da Igreja.

O cético erra em dois pontos. Primeiro, a Igreja enquanto sociedade perfeita refere-se não somente à Igreja visível aqui

---

1 Ver Scott Hahn, *Anjos e santos*, Quadrante, São Paulo, 2018, para saber mais sobre a perfeição do reino celeste e sobre como a Igreja nos manifesta essa perfeição aqui na terra.

na terra (a Igreja Militante), mas às almas do purgatório (a Igreja Padecente) e aos santos e anjos no céu (a Igreja Triunfante). Considerada em sua inteireza, a Igreja compreende toda a comunhão dos santos e está perfeitamente unida a Deus como Sua noiva — e aí está, mais uma vez, a analogia familiar.

Em segundo lugar, dizer que a Igreja é a sociedade perfeita não quer dizer que todo membro da hierarquia ou todo decreto do Vaticano seja perfeito — isso seria loucura. Antes, significa que exclusivamente a Igreja possui os recursos naturais e sobrenaturais para *aperfeiçoar-nos*. O fato de que muitos católicos — e até pessoas que estão firmemente integradas aos trâmites cotidianos da Igreja — não tiram todo o proveito desses recursos (em especial dos sacramentos) não muda a realidade da Igreja como meio da graça aperfeiçoadora de Deus.

A Sagrada Família é, portanto, essa sociedade perfeita em miniatura. Todas as qualidades da Igreja — incluindo os seus grupos Militante, Padecente e Triunfante — estão presentes naquela humilde casa nazarena. Tudo o que poderíamos esperar nesta vida, incluindo aquilo de que precisamos para aproveitar a eternidade na próxima, estava contido naquela família perfeita.

O casamento perfeito é a igreja perfeita. A igreja perfeita é a sociedade perfeita. E todos têm Jesus Cristo em seu centro. É difícil imaginar declarações que possam desafiar mais as noções modernas e seculares de política e cultura. Elas dinamitam todos os nossos pressupostos a respeito das divisões (arbitrárias ou artificiais, dependendo do caso) entre o privado e o público e entre o domínio religioso e o político.

Ainda assim elas estão ali, subentendidas bem no início da Nova Aliança — subentendidas, isto é, na própria Nova Aliança. As consequências dessas afirmações ocupará grande parte do que vem adiante neste livro.

O CASAMENTO PERFEITO

***

Porém, antes de progredir, retornemos ao Templo de Jerusalém, onde um Jesus de doze anos de idade estava ensinando os mestres. São Lucas relata que, após admoestar gentilmente a Sua mãe e seu pai adotivo por não terem verificado a «casa de Seu pai» quando começaram a procurá-Lo, «desceu com eles a Nazaré e lhes era submisso. Sua mãe guardava todas essas coisas no seu coração» (Lc 2, 51).

Todos nós, em algum momento, já tivemos um chefe, um irmão mais velho ou até um bispo que, em nossa ponderada opinião, não estava preparado para a autoridade que tinha. E é claro que reclamamos da injustiça disso tudo, de como *certamente* faríamos um trabalho melhor, e assim por diante. Como isso parece mesquinho, porém, em comparação com a obediência alegre que Jesus Cristo prestou aos Seus pais humanos! É incrível! O Criador condescendeu em obedecer a Suas criaturas.

(Aqui São José figura em grande destaque: embora Maria fosse excepcionalmente imaculada, seu marido não o era. Ele foi um homem abençoado com graças extraordinárias, mas não era perfeito. Ainda assim, o Filho de Deus obedeceu ao Seu pai terreno enquanto este administrava a casa, treinava-O na carpintaria e certamente cometia alguns erros pelo caminho.)

O Catecismo relata que «a submissão diária de Jesus a José e Maria anunciava e antecipava a submissão da Quinta-feira Santa» (532), quando Jesus rezou no jardim do Getsêmani: «Pai, se é de teu agrado, afasta de mim este cálice! *Não se faça, todavia, a minha vontade, mas sim a tua*» (Lc 22, 42; grifo meu). A obediência de Jesus à autoridade *humana* da Sagrada Família «foi a imagem temporal de sua obediência filial ao seu Pai que está no céu» (CIC, 532).

Do mesmo modo, a nossa obediência às autoridades terrenas legítimas prepara-nos para a obediência ao Senhor.

Contudo, quando as autoridades deste mundo enlouquecem, quer no seio de nossa família, quer em cidades distantes, nossa capacidade de praticar essa «obediência filial» fica restrita. Pior: visto que essas autoridades representam a autoridade final de Deus, a sua disfunção desfigura a visão que temos de quem nosso Deus realmente é.

Ao longo da história, o destino da Igreja e das autoridades civis esteve especialmente emaranhado com a saúde do matrimônio enquanto instituição pública. É na família que primeiro encontramos a relação paternal que serve como a melhor representação terrena de nosso relacionamento com o Senhor. Quando o casamento sofre, também sofre a nossa visão desse relacionamento e, por extensão, a nossa visão do próprio Deus.

Matrimônio, Igreja, sociedade — esses três conceitos formam um todo integral. Eles se fortalecem e decaem juntos. E qualquer tentativa de separá-los resulta numa desintegração em cadeia impossível de ser detida.

CAPÍTULO 6

UMA HISTÓRIA CONTURBADA

Durante séculos, estudiosos refletiram sobre como a Igreja pôde crescer tão rapidamente nos primeiros séculos após a morte, ressurreição e ascensão de seu fundador, Jesus Cristo. Por um lado, trata-se de uma linha de investigação ridícula, pelo menos no que diz respeito à análise secular: a resposta é a inspiração do Espírito Santo. Mas Deus age mediante a vida de pessoas específicas em épocas e espaços específicos, e assim ainda podemos aprender muito com as análises histórico-sociológicas.

Na realidade, sempre houve uma pista bem diante dos olhos tanto de pesquisadores quanto de leigos. Tratava-se de uma pista sutil, camuflada na linguagem recorrente dos Atos dos Apóstolos e que passa facilmente batida numa leitura rápida. Porém, uma vez notada, não conseguimos mais ignorá-la: ao longo de toda a narrativa dos primeiros evangelistas, lemos continuamente que os novos cristãos não entravam para a Igreja sozinhos, *mas com suas famílias inteiras*.

Na Macedônia, Paulo, Silas e Timóteo converteram uma jovem chamada Lídia, que «foi batizada *juntamente com a sua família*» (At 16, 15; grifo meu). Mais adiante, na missão da Macedônia, depois de serem libertados da prisão por um terremoto, Paulo e Silas «anunciaram [ao carcereiro] a Palavra de Deus, a ele *e a todos os que estavam em sua casa.* Então, naquela mesma hora da noite, ele cuidou deles e lavou-lhes as chagas. Imediatamente foi batizado, ele *e toda a sua família*» (At 16, 32-33; grifo meu). E depois, em Corinto, a pregação de São Paulo convenceu «Crispo, o chefe da sinagoga, [que] acreditou no Senhor *com todos os da sua casa*» (At 18, 8; grifo meu).

Há mais exemplos em todos os relatos dos primeiros evangelistas — o suficiente para que tenhamos certeza de que o batismo de famílias inteiras (incluindo crianças de colo) era a norma. O Catecismo da Igreja Católica afirma que «estas famílias, que passaram a ser crentes, eram pequenas ilhas de vida cristã no meio dum mundo descrente» (1655).

Isso faz sentido do ponto de vista teológico — a Nova Aliança põe-nos em relacionamento familiar com Deus —, mas também sociologicamente. Os evangelistas percorriam um Império Romano enfraquecido e decadente, marcado pela insegurança, instabilidade e imoralidade. A robustez do ensinamento cristão sobre o casamento e a família — especialmente em relação à dignidade das mulheres — era um bálsamo para um povo acostumado à dissolução da família. Homens e mulheres trouxeram consigo as suas famílias para a Igreja, e não apenas por causa do espírito familiar do movimento, mas mais fundamentalmente porque queriam que suas famílias se salvassem consigo!

A conversão da parentela contribuía com o crescimento exponencial do cristianismo mesmo entre os turbilhões de perseguição. Como podemos olhar para o nosso mundo pós-moderno, marcado por uma decadência e dissolução que rivalizam com as de Roma, sem nos perguntar se a plenitude da doutrina da Igreja sobre o matrimônio não teria para ele o mesmo efeito?

UMA HISTÓRIA CONTURBADA

***

Embora a verdade de Jesus Cristo seja atemporal, o modo preciso como é vivida difere de pessoa para pessoa, de lugar para lugar e de época para época. O casamento não é uma exceção. A natureza do matrimônio não mudou e não pode mudar, mas o casamento e a família tomaram muitas formas e serviram a propósitos sociais diversos ao longo do tempo e em diferentes culturas.

Estudiosos descreveram e explicaram essas mudanças de diversas maneiras. O pensador francês do século XIX Frédéric Le Play propôs um contraste entre famílias «patriarcais» e «arraigadas», de um lado, e famílias nucleares «instáveis», de outro. Aquelas, em sua classificação, eram marcadas pela continuidade do dever e da identidade ao longo de várias gerações, enquanto a família nuclear era mais efêmera e marcada por um movimento regular de dissolução e reconstrução. O sociólogo americano moderno Carle Zimmerman, em seu clássico *Family and Civilization*, preferiu os termos «família curadora», «família doméstica» e por fim, em nossa época, «família atomística». Zimmerman identificou um encolhimento constante da unidade mais importante, das enormes (e por vezes míticas) genealogias da família curadora às casas, na família doméstica, e aos indivíduos na família atomística.

Essas estruturas familiares, é claro, correspondem às mudanças na concepção do casamento em si. O historiador John Witte Jr. relata a secularização e privatização do casamento em sua obra *From Sacrament to Contract*. As tentativas de boa-fé de várias tradições cristãs para tornar o casamento mais *oficial* através da lei canônica e civil tornaram-no vulnerável ao domínio das ideologias individualistas e secularistas do «Iluminismo» que varreram as instituições civis em todo o Ocidente e continuam a dominá-las.

A questão é que, embora tenhamos acesso aos ensinamentos atemporais da Igreja, também estamos ambientados às formas particulares com que o casamento e a família se estabeleceram no Ocidente contemporâneo — e é importante que não façamos confusão entre ambos. O casamento nunca foi exatamente como é hoje, tampouco, obviamente, como no Israel antigo ou na Roma imperial. Ainda assim, na história do Ocidente, o casamento e a família nunca ficaram irreconhecíveis — até, talvez, este momento, em que mesmo as convenções mais duradouras, como a necessidade de casais formados por indivíduos de sexos opostos, vêm sendo desconsideradas. No entanto, a verdade perdura, mesmo quando obscurecida pelo pecado e pelas circunstâncias.

Com isso em mente, voltemos a nossa atenção para a noção de família que predominava no Israel antigo e entre os autores das Escrituras: o clã.

***

Não seria exagero dizer que cada aspecto da vida em Israel girava em torno da família. A família foi a fonte primária de identidade, autoridade e responsabilidade para os indivíduos e comunidades ao longo de todo o Antigo Testamento e até os tempos de Cristo.

Hoje, se decidirmos listar as camadas de identidade e autoridade nas nossas vidas, talvez pensemos geograficamente — em nossa vizinhança, cidade, região, nação, politicamente — em nosso município, condado, estado, país —, quiçá até eclesiasticamente — na paróquia, diocese, Santa Sé. Poucos, no ocidente moderno, pensariam primeiramente em termos de parentesco, ao passo que esse teria sido o único conceito que viria à mente de um antigo israelita.

Essa estrutura, como um conjunto de bonecas russas de laços e obrigações familiares, é claramente exposta no Livro

UMA HISTÓRIA CONTURBADA

de Josué. O Senhor revela a Josué que o fracasso de Israel na batalha pode ser atribuído aos pecados de um ladrão presente em seu meio. Eis o que Deus manda que Josué diga ao povo sobre como Ele identificará o culpado:

> Vireis amanhã, tribo por tribo; a tribo que for designada pelo Senhor se apresentará família por família; e a família marcada se apresentará por suas casas; e a casa indicada pelo Senhor se apresentará por pessoas. (Js 7, 14)

Cada indivíduo pertencia a uma casa, que consistia de múltiplas gerações vivendo juntas. Cada casa era parte de uma família, que compartilhava um ancestral comum. E cada família fazia parte de uma tribo, que descendia dos doze filhos de Jacó. Esse era o princípio organizador da vida. Estar fora desse sistema — isto é, não ter laços familiares — significava, na prática, não ser ninguém.

Le Play chamaria isso de família patriarcal, enquanto Zimmerman o classificaria como um sistema de família curadora por excelência. Em troca da estrutura e identidade conferidas pelo clã, o indivíduo tinha de tornar-se curador daquele legado, cumprindo os seus deveres familiares sem reclamar. Foi esse sistema que originou a compreensão do matrimônio como aliança: unir famílias e criar novos lares eram ocasiões importantes, mas também acontecimentos intensos na vida da comunidade. A superestrutura da sociedade dependia de famílias estáveis e de membros comprometidos com elas, e por isso fazia tanto sentido pedir a bênção de Deus para as novas uniões.

***

As diferenças do indivíduo entre a forma predominante do matrimônio e da família no Ocidente moderno e aquela do

Israel antigo não podem ser superestimadas. Vivemos na era da família «instável» (Le Play) e «atomística» (Zimmerman). A forma de família a que estamos acostumados é a família nuclear, com no máximo duas gerações sob um teto, mas a ênfase cultural repousa claramente na preeminência do indivíduo — nos direitos pessoais em vez de nas responsabilidades mútuas, em contratos incertos em vez de em alianças permanentes.

Apesar da linguagem carregada de valores de Zimmerman e, especialmente, de Le Play, a família nuclear tem muitas qualidades. Essa forma de família, por exemplo, acentua a importância do relacionamento entre pais e filhos e permite mais espaço para que a personalidade individual floresça. A questão, porém, não é julgar a variedade infinita de sistemas familiares, mas simplesmente observar que estruturas diferentes surgem sob circunstâncias diferentes — e que, embora cada uma reflita certas verdades sobre a natureza do casamento e da família, nenhuma pode ser considerada um ideal universal.

A família nuclear, por exemplo, é um fenômeno notadamente moderno. Não se sabe se surgiu da Revolução Industrial ou se simplesmente teve a sua preponderância confirmada por ela, mas não há dúvida de que essa estrutura familiar está relacionada a estruturas econômicas modernas. A reviravolta constante de casas de família que se formam e se dissolvem, se reestruturam e desaparecem, é uma imagem perfeita da destruição criadora do capitalismo.

Ademais, identidades familiares enfraquecidas (na medida em que ainda existem «identidades familiares») normalmente remontam a duas, talvez três, gerações, deixando mais espaço para uma identidade a ser construída pela participação na economia, por meio de locais de trabalho, escolhas de consumo, e assim por diante. Menos obrigações familiares permitem aos empregadores que exijam mais do tempo e do trabalho desde a adolescência — ou desde a infância,

UMA HISTÓRIA CONTURBADA

a depender da época e do lugar — até uma idade avançada. Por conseguinte, o modelo «tradicional» de perfeição familiar — uma mãe elegante, um pai diligente, alguns bebês bagunceiros e, talvez, um golden retriever desordeiro — de fato depende das circunstâncias sociais, políticas e econômicas da nossa época e região. A exemplo da organização em clãs do antigo Israel, este modelo é um reflexo tanto das circunstâncias históricas quanto das verdades duradouras sobre o casamento e a família. É essencial desemaranhar esses fatores com cuidado; uma concepção autenticamente cristã do casamento e da família deve ir além da defesa de certas normas contemporâneas. A tradição é muito mais vasta que os anos 1950 — ou que a Revolução Industrial ou a civilização que emergiu dela.

***

Embora os antigos israelitas tenham vivido na presença de profetas e reis guiados pelas leis divinas, e embora nós estejamos manquejando pelas ruínas da civilização cristã, não devemos presumir automaticamente que o sistema familiar antigo seja o ideal, ou mesmo superior ao nosso. Cada modelo tem lições a aprender do outro.

No Israel antigo, por exemplo, *tudo* — desde o direito sucessório até a aplicação da justiça — dependia da posição de alguém na estrutura do clã. Este tipo de confiança total nos laços familiares é incompatível com os princípios da justiça que são firmemente estabelecidos pelo ensinamento social católico, como a igualdade perante a justiça e, de fato, perante a própria letra da lei.

Mais que isso, a predominância dos laços familiares é incompatível com a Nova Aliança de Cristo. No Antigo Testamento, a estrutura do clã resultava na circunscrição mais ou menos completa do bem comum ao parentesco de sangue. A obrigação para com o clã ultrapassava todas as outras responsabilidades — por vezes até aquelas devidas a Deus. Mas os batizados agora se unem todos pelo reinado de Cristo, e nós reconhecemos a universalidade da dignidade humana e suas implicações para a justiça. As doze tribos de Israel foram substituídas pelos doze apóstolos, que por sua vez foram enviados a todos os povos do mundo conhecido.

O modelo antigo enfatizava demasiadamente os aspectos transgeracionais e comunitários da família à custa do bem comum da sociedade e do bem do indivíduo. Hoje valorizamos exageradamente o indivíduo e seus parentes mais próximos em detrimento da solidariedade transgeracional e de toda a sociedade.

A família nuclear ou atomística — marcada por casas de duas gerações que decaem em casas de uma geração à medida que os filhos alcançam a maturidade — vem associada a certos bens inegáveis. A prosperidade relacionada à flexibilidade e ao dinamismo desse arranjo familiar é manifesta. Ademais, como já mencionei, ele reconhece e celebra a primazia do relacionamento entre pais e filhos — o bloco construtor do microcosmo da sociedade.

No entanto, o dinamismo nasce às custas da estabilidade, enquanto o foco interior da família nuclear prejudica a solidariedade. Podemos e devemos, portanto, admirar e desejar certos aspectos da cultura matrimonial e familiar bíblica sem adotá-la integralmente (o que seria, de todo modo, impossível nos nossos tempos). A identidade e solidariedade transgeracional da família bíblica, por exemplo, não só traz benefícios sociais, mas reflete a verdade do relacionamento de aliança de Deus com o Seu povo. Na prática, isso pode significar a adoção de casas multigeracionais para sustentar os idosos e enriquecer a experiência da juventude — mesmo que as atitudes e estruturas prevalentes tornem isso desafiador.

UMA HISTÓRIA CONTURBADA

O nosso primeiro compromisso deve ser sempre o de buscar e viver o *bem* — não o que é normal, respeitável ou fácil.

Então, quando falo do casamento e da família neste livro, não se deve imaginar apenas o ideal americano da segunda metade do século XX. A verdade de Deus e o ensinamento da Igreja chegam mais longe, no que diz respeito ao passado e ao futuro, do que qualquer tendência cultural, norma social ou sistema econômico. Se a nossa meta for recuperar um passado idílico, como pude mencionar no início deste livro, sempre seremos frustrados.

Jesus Cristo, Sua noiva a Igreja, a dignidade que Seu Pai conferiu aos seres humanos: essas coisas perduram para muito além de qualquer esquema que possamos imaginar. Portanto, quando pensamos nelas, jamais podemos nos sentir constrangidos pelo que é corriqueiro — em nossa época ou em qualquer outra. Sim, as normas atuais têm valor como produtos da razão e experiência acumuladas; mas não podemos ter medo de reconhecer quando uma razão malformada e uma experiência confusa nos tiverem afastado do ponto fixo da verdade de Deus.

Assim como não devemos jamais ignorar quando lemos o chamado de Jesus Cristo à perfeição, tampouco devemos nos acomodar ao considerarmos a verdade do que o casamento, a família e a sociedade humana *podem* e *deveriam* ser.

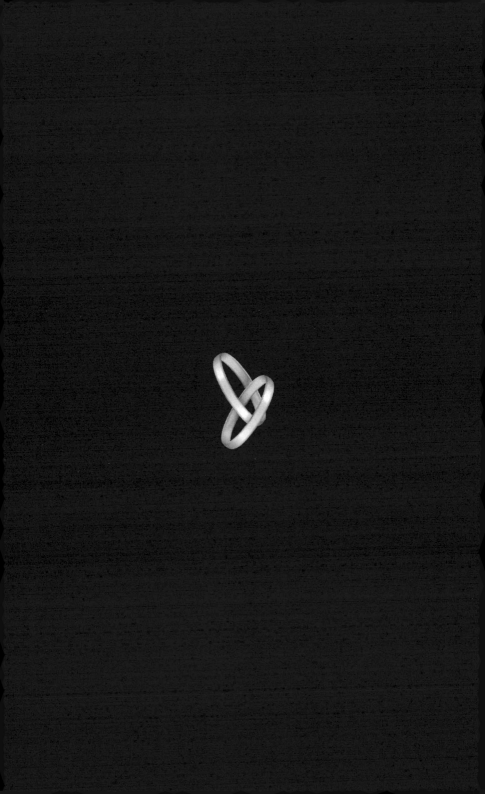

CAPÍTULO 7

A VISÃO SOCIAL CATÓLICA

Sempre se afirmou que Pauline Kael, crítica de cinema do *The New Yorker*, expressou sua incredulidade em relação à eleição de Richard Nixon em 1972 com estas palavras: «Ninguém que eu conheça votou nele!». Tal como se conta por aí, a citação não é muito precisa, mas sua versão original demonstra a mesma dose de isolamento cultural e político: «Vivo num mundo bem especial. Não conheço uma só pessoa que tenha votado em Nixon».

A observação de Kael é utilizada há décadas como exemplo de alheamento das elites culturais americanas. Mas a verdade é que, hoje em dia, essa observação se aplica a cada vez mais americanos cujos círculos sociais se fecharam em torno de um espectro limitado de experiências e pontos de vista.

Mais do que nunca, é quase impossível para um professor ou advogado entender a experiência e perspectiva de um encanador ou mecânico, e vice-versa. Não é só que essas profissões ocupem estratos sociais diferentes — sempre foi assim —, mas que essas classes estão se afastando cada vez mais culturalmente, politicamente e até geograficamente.

Tendências assim foram analisadas pelo sociólogo Charles Murray num livro de 2012 intitulado *Coming Apart*. Para eliminar da equação o confuso racismo institucional americano, Murray focou a sua análise apenas nos americanos brancos. O que encontrou foi uma divergência crescente entre as culturas e experiências da classe média e alta em relação à dos brancos de classe trabalhadora.

Uma das principais áreas que Murray examinou foram as normas de comportamento que dizem respeito ao casamento e à criação dos filhos. A estabilidade financeira e social dos altos escalões da sociedade, ao que parece, está diretamente relacionada a normas conjugais mais estáveis — mais casamentos, menos divórcios, menos crianças nascidas fora do vínculo conjugal, menos pais e mães solteiros, e assim por diante. Comumente se debate se essas normas são causa ou consequência de uma estabilidade mais ampla (é quase certo que se trate de um pouco de ambos), mas não há dúvidas de que camadas sociais mais estáveis têm práticas matrimoniais mais fortes.

Essa divergência, tanto dentro como entre as linhas raciais e étnicas, tornou cada vez mais difícil a percepção de um contexto comum por trás das divisões sociais. Trate-se de uma questão de política identitária ou de nacionalismo étnico, muito do nosso pensamento e discurso político tem-se ocupado de como podemos garantir o sucesso de alguns grupos às custas de outros. A ideia de um bem verdadeiramente comum, que sempre serviu de pano de fundo à política americana, sumiu quase inteiramente de vista.

Isso é tanto um desafio como uma oportunidade para os católicos. A visão social da Igreja sempre se baseou num conceito robusto de bem comum — tanto natural quanto sobrenaturalmente. A atrofia de uma política do bem comum em todo o mundo ocidental torna mais difícil a aplicação do conceito no debate *mainstream*, mas também quer dizer

A VISÃO SOCIAL CATÓLICA

que estamos cercados de pessoas que anseiam por uma visão social verdadeiramente moral e inclusiva.

***

Quando rezamos o Credo Niceno na Missa, professamos nossa fé numa Igreja que é «una, santa, católica e apostólica». Nessas quatro «notas da Igreja» podemos ver os fundamentos da visão social católica — e as respostas que um mundo secular dividido está buscando.

A Igreja é una. Em uma cultura obcecada com a possibilidade de escolher o máximo possível (a propaganda de uma loja de conveniência da minha região gaba-se de sua oferta de bebida com os dizeres: «500 opções de bebidas é demais? Sim».), a unidade da Igreja é um oásis. Uma característica distintiva da nossa época é a incerteza quanto a se as nossas escolhas consumistas estão se dirigindo, ou podem algum dia chegar, a algo verdadeiramente bom e duradouro. A Igreja, porém, afirma com segurança ser a esposa milagrosa de Jesus Cristo e que não há outra.

A unidade da Igreja também é a resposta a uma sociedade profundamente marcada por divisões políticas, sociais, econômicas e étnicas. Não existe uma igreja republicana ou democrata, uma igreja rica ou pobre, uma igreja branca ou negra. A Igreja é una porque Deus é um. Aos Seus olhos e aos olhos da Igreja, a nossa diversidade de experiências e culturas só aumenta a beleza do que compartilhamos: a imagem de Deus e a habilidade de compartilhar a vida eterna com Ele.

A Igreja é santa. Ela é santificada e, ao mesmo tempo, meio de santificação. Enquanto os secularistas chafurdam em algo a meio-caminho entre a autopiedade e a autocongratulação perversa pela aparente falta de sentido da existência, a Igreja tem a ousadia de afirmar que, por ser única entre as instituições humanas, é capaz de suprimir a divisão entre o natural e o sobrenatural — entre o humano e o divino.

Imersa na humanidade mas orientada para a eternidade, a Igreja e a sua visão social levam em conta tanto as realidades naturais quanto as sobrenaturais. Ao fazê-lo, dá-nos algo que nenhuma visão secular da sociedade pode prover: um propósito que vai além de servir a si mesmo e ao próprio grupo. Esse propósito é a salvação.

A Igreja é católica. Quando dizemos a palavra «católica» no contexto do Credo, não estamos usando uma «marca» religiosa ou denominacional. Pelo contrário, usamos esse nome em seu sentido original: «universal». Chamamos à Igreja «católica» não apenas porque esse é o seu nome, mas porque ela é universal, e essa universalidade lhe é tão essencial que define o seu caráter.

A Igreja atravessa todo tipo de divisão social que possamos imaginar. Portanto, a sua visão para a sociedade é e deve continuar sendo radicalmente inclusiva — muito mais do que quaisquer planos sociais progressistas que usam a «inclusão» como palavra de ordem e, em seguida, procedem à exclusão de qualquer um que discorde de sua definição. A afirmação inerente à catolicidade da Igreja — a de que existe um bem comum a *todo* membro da sociedade e de que o bem reside na Igreja — pode ser incômoda a ouvidos modernos, mas também é a mais importante e encantadora. A catolicidade implica uma solidariedade que obviamente falta a toda a nossa política *mainstream*.

A Igreja é apostólica. «Sustentabilidade» é um conceito popular hoje em dia — queremos comunidades sustentáveis, fontes de alimento e energia sustentáveis, e assim por diante. Mas o que poderia ser mais sustentável do que a Igreja? Ela é capaz de identificar dois milênios de sucessão apostólica ininterrupta e tem a certeza de que poderá fazê-lo até que Cristo retorne.

A natureza apostólica da Igreja acrescenta outra dimensão à sua abrangência: o tempo. Ela existe no aqui e agora, mas

A VISÃO SOCIAL CATÓLICA

também se projeta para trás e para frente numa unidade cronológica que é única entre as instituições humanas. Com isso, provê um fundamento mais sólido para a ordem social do que qualquer outra organização ou ideologia jamais poderia oferecer. A Igreja é, portanto, uma resposta à desesperança moderna em relação à possibilidade de que qualquer coisa perdure verdadeiramente.

***

Tomadas em conjunto, as quatro notas da Igreja apontam para uma verdade fundamental: o fim comum da humanidade — isto é, o bem comum para o qual fomos todos criados — é a eterna comunhão com Nosso Senhor no céu. Embora as ordens social e política não possam salvar-nos, elas devem ser construídas em torno desse aspecto essencial de nossa humanidade. O fracasso em criar uma ordem que conduza à salvação é, em sentido real, desumano.

Existe aqui certa tensão entre os aspectos sociais e individuais da salvação. Será que podemos falar de uma contribuição da ordem política à salvação das almas quando a a salvação (ou perdição) é individualizada, isto é, quando o nosso destino eterno é determinado de pessoa para pessoa, e não devido à nossa afiliação a um grupo? Poder-se-ia muito bem afirmar que a ordem política haveria de adotar um liberalismo completo, e até um libertarianismo, que desse ao *indivíduo* o máximo de espaço possível para crescer no relacionamento com o Senhor.

Essa abordagem, no entanto, resolve a tensão entre o individual e o coletivo simplesmente eliminando a noção de responsabilidade comum — ou, mais precisamente, reformulando essas responsabilidades de modo a que se tornem escolhas puramente pessoais. A premissa recorda aquela famosa passagem de *A abolição do homem*, de C. S. Lewis:

> Com uma espécie de simplicidade aterradora, removemos o órgão e exigimos a sua função. Fazemos homens sem zelo e esperamos deles virtude e iniciativa. Rimos da honra e chocamo-nos ao encontrar traidores no nosso meio. Castramos e mandamos aos eunucos que se reproduzam.

A ordem social individualista acaba com qualquer noção de bem comum na política e, depois, implora aos indivíduos que ajam independentemente para o bem dos outros e da comunidade. É como cortar o tendão de Aquiles a um corredor e depois forçá-lo a correr em disparada.

Na verdade, tanto o nosso dever de amar os outros quanto a própria natureza humana requerem que a noção de bem comum seja parte da estrutura da ordem política, e não apenas uma exortação vã aos indivíduos. Se o segundo maior mandamento — «Amarás teu próximo como a ti mesmo» (Mt 22, 39) — significa algo, esse algo é que devemos valorizar o bem dos outros na mesma medida em que valorizamos o nosso. Isso significa que devemos fazer mais do que apenas agir de modo independente para o nosso bem particular e para o bem daqueles que nos são mais próximos; devemos, antes, trabalhar para formar uma sociedade ordenada para o bem comum de todos. Lembremos que quando o doutor da lei desafiou Jesus perguntando: «E quem é o meu próximo?», Ele respondeu com a parábola do bom samaritano (cf. Lc 10, 25-37).

Charles De Koninck, notável estudioso de São Tomás de Aquino, demonstrou em seu *On the Primacy of the Common Good* que, do mesmo modo como o nosso amor por determinadas pessoas procede do nosso amor por Deus, o nosso amor por bens particulares — isto é, o bem de pessoas ou comunidades específicas — procede do nosso amor por bens maiores e mais universais. Deus é Ele mesmo o bem universal de toda a criação, e por isso amamos esse bem mais do que a

A VISÃO SOCIAL CATÓLICA

todos. Isso significa, então, que devemos amar e buscar o bem comum da sociedade mais do que qualquer bem particular, uma vez que esses bens particulares procedem do bem comum.

***

Mas o que realmente quer dizer tudo isso de «bem comum»? Seria «o maior bem para o maior número», que associamos ao utilitarismo? Seria o coletivismo que associamos ao marxismo? Seria a imposição do Estado que associamos ao fascismo? Certamente, você pensará, a visão social católica não pode estar associada a nenhuma dessas coisas! E você está certo! O bem comum não é a agregação de bens privados que o utilitarismo propõe, nem a estrita igualdade de circunstâncias que o marxismo popularmente defende, nem o bem exterior (De Koninck chama-lhe «bem alheio») imposto por alguma força externa que o fascismo deseja. Contudo, o fato de a noção de bem comum vir sendo deturpada não quer dizer que devamos abandonar o conceito; pelo contrário, isso faz com que seja mais importante que nunca testemunhar o autêntico bem comum.

De acordo com De Koninck, o bem comum não é *apenas* o bem comum da comunidade como um todo (o que poderia estar em oposição ao bem de membros individuais) nem *apenas* o conjunto dos bens privados de cada membro individual da comunidade (o que poderia estar em oposição ao bem da comunidade). Por outro lado, o bem comum inclui *tanto* o bem da comunidade como um todo *quanto* o bem comum de cada membro — e, por ser inclusivo e altruísta por natureza, é *maior* que o bem privado de qualquer indivíduo. O bem comum distingue-se por sua *comunicabilidade*: ele pode ser compartilhado entre as pessoas e, por isso, é ordenado à *comunhão*, ao compartilhamento altruísta da vida para a qual Deus nos criou.

Ecoando São Tomás, De Koninck escreve: «O bem é o que todas as coisas desejam, na medida em que desejam a sua perfeição». Quando escolhemos seguir o Senhor em vez do pecado, não escolhemos «o bem» de modo abstrato; escolhemos, de forma muito real e concreta, aumentar a nossa perfeição — dar um passo em direção ao propósito último da nossa existência, que é a perfeição da comunhão eterna com o Senhor. A perfeição do todo é constituída da perfeição das partes e *a acentua*. Não obstante o quão diferentes possam parecer, o funcionamento adequado do fígado não é distinto do bem do dedo mindinho; eles compartilham de um bem — de uma «perfeição» — na boa saúde do corpo de que ambos participam e se beneficiam.

Outro aspecto importante do bem comum é que ele não diminui com a participação de ninguém. Para usar novamente a analogia anatômica, da mesma forma como o dedo mindinho não se enfraquece com a boa saúde do fígado, minha capacidade de participar do bem comum não é enfraquecida pela participação do meu próximo. Isso pode ser entendido pela analogia com o bem universal do próprio Deus, que é «superabundante», totalmente inexaurível. Afinal, todo tipo de perfeição é participação no eterno ser de Deus, que tudo abrange.

***

Tudo isso pode parecer abstrato e, talvez, um pouco confuso. Mas é importante que formulemos bem os conceitos; como já mencionei, a ideia de «bem comum» foi transformada em arma por muitas ideologias perigosas. Para utilizarmos o termo corretamente, teremos de compreendê-lo.

Mais adiante, demonstrarei como o bem comum se manifesta na prática. Agora, começaremos por observar que diferentes comunidades têm diferentes bens comuns e, assim, diferentes deveres que se lhes associam.

A VISÃO SOCIAL CATÓLICA

A comunidade nacional, por exemplo, tem bens e deveres distintos daqueles que uma comunidade familiar possui. Devido à natureza interconectada dos sistemas econômicos, a justiça distributiva — a garantia de que os recursos da comunidade serão distribuídos equitativamente entre as pessoas, incluindo as menos capazes de participar da economia — vem associada à sociedade nacional (e até à internacional); não faria sentido impor à família esse dever. Por outro lado, a educação das crianças pertence à família de um modo que não pertence a comunidades políticas maiores, exceto em papel auxiliar.

Em termos mais simples, considere-se a divisão do trabalho após uma nevasca. O governo local salga e limpa as vias públicas porque a infraestrutura do transporte é um recurso comum que exige tratamento uniforme. Se cada residente fosse responsável por seu pedaço de asfalto, as ruas seriam uma colcha de retalhos de áreas escorregadias. Por outro lado, a limpeza de entradas e calçadas é própria das casas — com o apoio da comunidade aos mais velhos e doentes —, pois o uso desses recursos se limita à família e a seus hóspedes.

Tomados em conjunto, esses níveis de autoridade, responsabilidade e bem comum são o que a Igreja chama de «subsidiariedade». Esse aspecto do ensinamento social católico se concretiza quando as comunidades cumprem os deveres que lhes são próprios, sem invadir a competência das autoridades superiores ou inferiores. Presume-se com frequência que subsidiariedade significa que os problemas sociais devem ser resolvidos no *nível mais baixo possível*, mas isso não é totalmente correto. Ela tem mais a ver com a definição de quais deveres são *adequados* a cada comunidade do que com a imposição de deveres a comunidades menores.

***

Na visão social católica, a família permanece como comunidade fundamental e modelo para todas as outras comunidades. Embora todos os bens sociais provenham do bem universal do próprio Deus, todas as formas sociais provêm da forma universal da família, que é em si uma imagem da forma trinitária de Deus.

A família é uma hermenêutica universal — isto é, uma chave interpretativa acessível a todos — para pensar e compreender as sociedades humanas. Apesar do amplo espectro de diferenças no que diz respeito às tradições e estruturas familiares, e não obstante a que cultura você pertença — oriental ou ocidental, secular ou religiosa, cosmopolitana ou tribal —, o conceito de uma mãe com um pai e seus filhos é reconhecível e compreensível. Está escrito em nossa natureza.

É preciso olhar para as comunidades maiores de que fazemos parte — mesmo nacional e internacionalmente — com um olhar familiar. É verdade que não temos os mesmos deveres para com um camponês da Malásia, um artesão em Zurique ou um surfista em Malibu do que possuímos para com os nossos parentes mais próximos. No entanto, todas essas pessoas compartilham, de um modo ou de outro, da realidade universal da família, seja a terrena, seja a celeste. Temos algo em comum com eles que não temos com nenhuma outra criatura, nem mesmo com os anjos. Eles são, conosco, parte da família de Deus instituída pela Nova Aliança.

A grandeza da família na visão social católica implica outro requisito importante: a ordem social — incluindo sobretudo a ordem *econômica* — deve se organizar em torno do bem das comunidades que compõem a sociedade, especialmente a família. Isso constitui tanto uma extensão da «primazia do bem comum» articulada por De Koninck quanto uma

A VISÃO SOCIAL CATÓLICA

afirmação da especial importância da relação familiar para uma sociedade humana vicejante e sustentável.

Falamos frequentemente da economia como um tipo de ciência natural em torno da qual devemos organizar a vida familiar, como se ela se assemelhasse às marés ou ao clima. Isso é um grande erro. É a família o princípio fundamental e natural da ordem social, e devemos organizar a economia em torno de suas necessidades. Uma economia em que os deveres para com o mercado interfiram no que é devido à família (incluindo a necessidade de lazer, de instrução religiosa, e assim por diante) é uma economia gravemente desordenada.

Ao mesmo tempo, o funcionamento adequado da vida familiar possibilita a liberdade da vida política e econômica — componentes essenciais do bem comum. Uma sociedade que erra acerca do casamento não permanecerá livre por muito tempo: a família é o local de treinamento para as virtudes que tornam possíveis sociedades livres. Considere-se em especial a necessidade de confiança para as relações econômicas. A confiança não pode ser manufaturada ou comprada; deve ser ensinada no seio da vida em família e, depois, conquistada nas interações com o mundo ao redor. Sem uma cultura matrimonial em bom funcionamento, a confiabilidade das relações interpessoais se enfraquece e, desse modo, a capacidade da vida econômica de progredir sem interferências sufocantes fica comprometida.

***

O bem da família e o bem comum da sociedade não podem ser separados; uma sociedade que buscasse um às custas do outro estaria fadada a perder ambos.

Foi exatamente isso o que aconteceu em todo o mundo ocidental. Vivemos em uma sociedade profundamente desconfiada de tudo o que há de verdadeiramente comum —

especialmente um bem comum de que todos partilhamos. Qualquer compreensão vestigial do bem comum que ainda possamos ter foi engolida por ideologias, facções e grupos identitários competitivos, todos disputando o poder.

Pode-se entender, porém, por que isso ocorre: o bem comum estabelece imposições profundamente desconfortáveis às nossas escolhas e ações, especialmente numa cultura que valoriza a liberdade e a autonomia individual acima de tudo. Em nenhum outro âmbito isso é mais verdadeiro do que no da sexualidade. Se o bem da família é essencial ao bem comum da sociedade, também o é a saúde da nossa cultural matrimonial. E se o casamento é essencial ao bem comum, também o é uma sexualidade ordenada e virtuosa.

CAPÍTULO 8

O SEXO E O BEM COMUM

Certa noite, nos anos 1980, estava dirigindo pelo anel rodoviário em volta de Washington e escutando a dra. Ruth Westheimer no rádio. A dra. Ruth, como talvez o leitor se lembre, surgiu de repente no início dos anos 1980 com um *talk show* patrocinado em que respondia abertamente a perguntas dos ouvintes sobre sexo. Mais tarde, ela expandiu a atração para a televisão, tornando-se referência quando o assunto é falar sobre sexo na mídia.

Mais do que por qualquer outra coisa, porém, a dra. Ruth é lembrada por seu forte sotaque alemão, que proporcionava aos ouvintes e telespectadores uma distância clínica e cômica do conteúdo titilante dos seus programas. E assim estava eu naquela viagem de carro noturna, analisando os produtos da nossa cultura embrutecida a uma distância irônica (é o que eu dizia a mim mesmo) que me protegia de ser corrompido. Além do mais, o que poderia ser melhor para me manter acordado do que escutar uma senhora judaico-alemã falando de sexo na rádio?

Naquela noite, a envolvente dra. Ruth recebeu a ligação de um adolescente — um rapaz de quinze anos — que queria discutir o relacionamento sexual que tinha com a namorada de catorze. Fiquei tão chocado com a resposta dela que não consegui continuar ouvindo e nunca mais sintonizei novamente aquela estação: «Vocês fizeram sexo seguro?». E isso foi tudo. Essa foi a primeira e principal preocupação — e não a maturidade dos dois, seu estado emocional ou o seu futuro... Apenas se o sexo havia sido adequadamente estéril. Quando o menino respondeu que sim, ela o elogiou e desejou sorte ao casal em sua exploração sexual.

O primeiro conceito que me veio à mente quando desliguei o rádio foi «profanação»; em inglês, *desecration*. A palavra inglesa *desecrate* é uma forma abreviada de *de-consecrate*» («des-consagrar»); «consagrar», por sua vez, vem do termo latino *sacer*, ou «sagrado». Profanar, então, significa tomar algo sagrado e tratá-lo de modo profano, tomar algo dedicado ao Senhor e tratá-lo como um mero bem entre tantos outros.

A resposta leviana da dra. Ruth àquele adolescente foi uma incitação à profanação. Ela tratou a intimidade sagrada da relação sexual — e um exemplo especialmente chocante dessa intimidade, já que estava falando com um adolescente — como se fosse um mero jogo de frescobol: sua única preocupação era se os participantes haviam usado o equipamento protetor adequado. Que lamentável redução da sacralidade do sexo ao nível de mera recreação!

Vale lembrar que naquele momento eu ainda não era católico, e os protestantes de modo geral não se opõem à contracepção artificial. Entretanto, sabia que esse foco exagerado na esterilidade do sexo em detrimento de todas as outras preocupações era algo profundamente desordenado. Depois viria a entender que o pressuposto de que o sexo é e deve permanecer estéril — um pressuposto que emerge naturalmente da separação entre sexo e procriação — lança as bases para muitos outros erros na reflexão sobre o sexo, tanto em nível pessoal como em nível político.

O SEXO E O BEM COMUM

***

A relação sexual é, ao mesmo tempo, um dos atos mais intensamente privados e intrinsecamente públicos que podemos praticar com os nossos corpos. A primeira afirmação é bastante óbvia, mas a segunda é, para ouvidos modernos, como afirmar que os oceanos são repletos de maionese. Essa impressão, no entanto, só se dá porque fomos condicionados a pensar na procriação como um tipo de bônus que *escolhemos* acrescentar ao sexo — uma espécie de *upgrade* para a primeira classe —, e não como uma coisa inerente à sexualidade humana.

A perspectiva moderna é a de que o sexo é inerentemente estéril e só se torna procriador por acidente ou por escolha dos participantes. Por isso, falamos em porcentagens de falhas na contracepção e de gravidezes *não planejadas*; a esterilidade é, presumimos, nosso estado natural, ao passo que a fertilidade é uma escolha ou um acidente. Esse modo de pensar só é possível, é claro, devido à onipresença da contracepção artificial.

Desde as suas origens, a Igreja ensina que, assim como nós, seres humanos, somos feitos *para* algo externo a nós mesmos — isto é, para a comunhão com Deus —, o sexo é feito *para* algo externo a si — isto é, para a participação na criação de novas pessoas. Isso não quer dizer que o sexo exista *apenas* para a procriação, mas que o seu fim *primário* é esse. Esse ensinamento perene foi vigorosamente reafirmado tanto na *Casti connubii* quanto, décadas mais tarde, na famosa encíclica *Humanae vitae* (1968), do Papa Paulo VI. A união dos esposos é outro bem que provém do sexo, mas essa união depende da abertura à completa fruição do sexo, com a formação de uma nova vida.

O sexo é, portanto, profundamente íntimo, mas também exigido por algo (e, com bastante frequência, por alguém) externo a si. Fechamos a porta do quarto para preservar essa intimidade, mas não podemos ocultar a natureza pública da procriação. Para a mentalidade moderna, isso é um paradoxo. Mas esse é um problema da mentalidade moderna, e não da natureza do sexo.

***

A verdade sobre a natureza do sexo complica nossos pressupostos sobre as esferas pública e privada da vida. A visão moderna diz que as decisões, ações e experiências das pessoas podem ser facilmente classificadas a partir dessas duas esferas. A divisão pode ser estabelecida com a pergunta: esta ação afetará significativamente a vida de outros que não participam da ação? Desse modo, minhas preferências em relação a marcas de pasta de amendoim são privadas; mas, se eu estivesse para abrir uma fábrica de pasta de amendoim, minhas decisões empresariais seriam públicas.

O problema com essa distinção é que ela finge ser neutra, mas é totalmente subjetiva — sujeita às forças que prevalecem na política, cultura, ideologia, e assim por diante. Algumas culturas, por exemplo, desenvolveram rituais complexos em torno da primeira noite de união de um casal; esses rituais preservam a intimidade do ato de consumação em si, mas reconhecem que há um interesse inevitavelmente público no que acontece por trás daquelas portas fechadas. Em nossa cultura obcecada pela privacidade, por sua vez, cada vez mais partes da vida assume valor público, ao passo que empresas e indivíduos são perseguidos por faltar com respeito a novos conceitos de gênero e sexualidade; se a consciência de uma florista lhe permitirá criar arranjos para uma cerimônia de casamento entre pessoas do mesmo sexo agora é um assunto de interesse coletivo.

Essa tendência à expansão do público em detrimento do privado é assustadora para muitos — especialmente para

O SEXO E O BEM COMUM

pessoas religiosas que reconhecem que os poderes vigentes parecem inclinados a concentrar toda a prática religiosa sob a égide de uma autoridade pública hostil. Esse medo é bem fundamentado, mas o cerne da questão é um pouco mais desafiador: a nossa cultura não está errada em reconhecer que atos morais têm uma dimensão pública inerente; o problema é que seu compromisso está em estabelecer uma moralidade desordenada.

Não existe esse negócio de «vício privado». Todo pecado é, em algum nível, público. Em primeiro lugar, o bem-estar das almas individuais é em si mesmo parte do bem comum. Depois, almas bem ordenadas contribuem para o bem-estar, compreendido de maneira ampla, daqueles à sua volta. Um homem virtuoso ajudará a sua esposa, filhos, amigos, colegas e outros a buscar o bem para si mesmos. Isso não significa que a autoridade pública — o Estado — deva punir todo pecado e vício; a busca do bem comum requer prudência. São Tomás de Aquino argumentou que o bem comum pode exigir que certos vícios sejam permitidos, uma vez que tentar erradicá-los faria mais mal do que bem. Mas isso não quer dizer que as decisões morais ditas «privadas» não se encontram, propriamente dizendo, fora do escopo da autoridade pública.

Por isso, uma das razões que fazem os secularistas modernos terem horror à ideia de que sexo e bebês estejam intrinsecamente conectados está em que esse fato gera consequências políticas desconfortáveis. Mas o que poderia ser de maior interesse público do que a criação de novos seres humanos — seres humanos que se tornam, no momento de sua concepção, participantes do bem comum?

***

Em toda lei e cultura encontramos exemplos do reconhecimento de que o sexo ocupa posição singular entre as atividades humanas. Por exemplo, sabemos intuitivamente que abusos sexuais são violações especialmente sérias ao próximo, e isso se reflete em leis que tratam o estupro com muito mais rigor do que um soco no nariz. Conteúdos sexualmente explícitos em filmes e programas de TV, embora cada vez mais comuns, sempre foram considerados um critério especial para determinar a censura e o grau de adequação da atração para o horário nobre. Agora está na moda construir identidades inteiras em torno de preferências sexuais — identidades que todos devem respeitar sob pena de humilhação pública e ostracismo. A lista poderia estender-se. Em determinado nível, sabemos que o sexo é único.

Ainda assim o pensamento dominante sobre o ato sexual em nossa cultura é o de que seria um tipo especial de recreação — mais atlética do que espiritual, mais preocupada com a satisfação pessoal do que com a comunhão interpessoal. (O matrimônio, por esse motivo, é rebaixado de pia aliança a um tipo de licença sexual revogável.) Vemos as sombras da verdade à nossa volta, mas não suportamos as implicações dessa verdade — o fato de que o sexo é imensamente importante não apenas para o nosso autoconhecimento e realização, mas para a vida diária da comunidade como um todo. Olharemos somente para dois dos vários modos como o sexo se faz singular entre todas as ações humanas.

Primeiramente, por ser orientado à procriação, o sexo é aquilo que fazemos com os nossos corpos na ordem natural, que está mais exclusivamente conectada ao bem comum. «Na ordem natural» é um qualificativo importante aqui. Fazemos muitas ações com os nossos corpos, como a oração, o culto e a liturgia, que são orientadas verticalmente, em direção ao céu, e que estão diretamente relacionadas com o bem comum. Essas ações são essenciais ao desenvolvimento de qualquer comunidade. Horizontalmente — de pessoa para

O SEXO E O BEM COMUM

pessoa, em vez de pessoa para Deus —, no entanto, não há atividade corporal que diga respeito ao bem comum como o sexo, graças à sua orientação à procriação.

Em segundo lugar, não há nada que façamos *exteriormente* na ordem da natureza que nos torne mais semelhantes a Deus do que o sexo. *Interiormente*, participamos da natureza divina pela razão e pela contemplação. E, de novo, na ordem sobrenatural, existem inúmeros atos que podemos executar para contribuir para a nossa divinização — o nosso tornar-se como Deus. Eis o que quer dizer crescer em santidade, e é esse o propósito último dos sacramentos, a ordem da graça. Exteriormente, por sua vez, na ordem da natureza, nada reflete a Trindade da mesma maneira como o amor conjugal e a intimidade, em que duas pessoas «se tornam uma só carne» (Gn 2, 24; Mc 10, 8) e, se Deus permitir, uma terceira pessoa se origina e encarna essa comunhão.

***

O que significa para a política dizer que nada impacta o bem comum tanto quanto o sexo? Pode ser tentador deixar esta questão de lado achando que o bem comum é apenas um princípio abstrato e que a relação do sexo com esse conceito é tão complicada que torna-se impossível decifrá-la. Essa é, basicamente, a visão moderna: o bem comum é uma ideia agradável que rende uma retórica impactante, mas é abstrata demais para a aplicarmos à forma como nosso governo e sociedade funcionam. Essa atitude acaba por cair num relativismo individualista: cada um deveria simplesmente buscar o bem comum como achar melhor.

Embora sejamos todos incitados a agir pelo bem comum de nossas comunidades e sociedade, nossa responsabilidade não termina aí. Se o conceito de bem *comum* tem algum sentido, ele deve consistir num projeto *comum*. Na compreensão católica tradicional, de fato, o bem comum é o propósito fundamental e a meta do governo civil.

A autoridade pública é o meio pelo qual a comunidade — enquanto comunidade, e não apenas como uma coleção de indivíduos — busca os bens próprios dessa comunidade. É isso o que significa o termo «subsidiariedade» na doutrina social católica: cada esfera da sociedade deve cumprir os deveres que lhe são próprios. Esferas mais elevadas de autoridade não devem interferir em assuntos de esferas inferiores, e tampouco as esferas inferiores de autoridade devem tentar abordar problemas que estão além de sua competência. No contexto americano, diríamos que o governo federal não deve administrar a coleta de lixo de Peoria e que o conselho municipal de Louisville não deve ser o único responsável pelos serviços aos necessitados, visto que a justiça distributiva é um problema regional e nacional.

Se é próprio da natureza da autoridade civil buscar o bem comum, e se é próprio da natureza do sexo sua relação singular com o bem comum, regulamentar o sexo deve ser algo de competência do Estado. Mais que isso: qualquer governo que leve o bem comum a sério terá interesse nas condutas sexuais — e não apenas nas violações graves, como os atos de violência sexual.

Isso não quer dizer, como já disse anteriormente, que todo pecado sexual listado no Catecismo da Igreja Católica deva ser punido com reclusão. Circunstâncias diferentes pedem abordagens diferentes, e muitas vezes a criminalização mais gera do que resolve problemas. O xis da questão, portanto, é a seguinte: um Estado pode se abster de criminalizar o pecado sexual não porque haja valor no pecado ou na liberdade para cometê-lo (não existe direito ao pecado), mas porque a aplicação de um estatuto criminal levaria a males piores.

O bem comum não exige que tudo o que há de mau seja proibido, mas que a lei facilite a virtude. A consideração

O SEXO E O BEM COMUM

primeira de qualquer lei ou regulamento deveria ser: isto tornará mais fácil ou mais difícil a prática do bem? A virtude individual e coletiva requer certa medida de liberdade para ser autêntica, mas, quando a liberdade ultrapassa o bem como propósito principal da autoridade civil, então Deus foi usurpado pelos caprichos de Suas criaturas.

***

A má compreensão do sexo, enquanto questão filosófica e no âmbito de políticas públicas, é tanto sintoma quanto causa de decadência social. Já passei um capítulo inteiro delineando o que acontece quando uma sociedade deixa a sua cultura matrimonial deteriorar-se: o colapso da solidariedade, o crescimento do Estado e do mercado como substitutos e a inquietude que provém da dissolução das relações humanas naturais. O individualismo é uma fundação muito instável para a construção de um ordenamento social; trata-se de uma negação da nossa natureza humana interdependente, a qual emerge da Trindade em cuja semelhança fomos formados.

Só que isso se configura num sistema que se retroalimenta: a cultura ensina lições de individualismo aos seus jovens, que por sua vez caminham para um futuro ainda mais individualista. Os anos 1960 e 1970 introduziram o divórcio sem culpa; os filhos daquela época, criados com uma visão puramente individualista e contratual do casamento, introduziram-no entre pessoas do mesmo sexo. Quando entendemos mal para que servem o sexo e o casamento, entendemos mal o propósito dos seres humanos (e vice-versa).

Muitos observadores bem-intencionados argumentam que o melhor caminho, e o mais seguro, está em fazer com que o Estado, na medida do possível, mantenha uma abordagem indireta em relação ao sexo e ao casamento. «Deixemos que os indivíduos definam e vivam esses conceitos como desejarem», afirmam, mas o Estado deve permanecer neutro. Ainda que as consequências de comportamentos desordenados e pecaminosos nunca sejam totalmente privadas, talvez seja melhor fingir que o são do que confiar ao Estado a sua correta regulamentação. Se as pessoas causarem problemas, a culpa é delas.

Essa abordagem libertária é inadequada porque não consegue corresponder ao bem comum. Não podemos ser indiferentes ao destino do nosso próximo. E, embora as nossas obrigações para com o próximo que mora logo à frente sejam diferentes daquelas que temos para com o próximo que mora do outro lado do país, a autoridade civil é um meio essencial — ainda que não o único — para buscarmos o bem comum de *todos* na sociedade, mesmo que de modo atenuado.

Não podemos lavar as mãos em relação ao nosso compromisso cristão com o bem comum apelando para a liberdade, dado que podemos observar as previsíveis consequências da liberdade. Mais uma vez, isso não significa que a liberdade não seja boa; a liberdade é condição necessária ao bem comum. Mas ela não constitui, por si só, o bem comum. A adoção do mantra da «liberdade» no sexo e no casamento resultou (para citar apenas algumas consequências) numa explosão de famílias fragmentadas, na normalização da pornografia, na aceitação de todo tipo de atos e desejos desordenados e num sentimento agudo de isolamento e solidão que perpassa especialmente as comunidades mais jovens e mais pobres.

No Evangelho de Mateus, Pôncio Pilatos não teve coragem de condenar o Senhor à crucifixão porque sabia que aquilo era errado. Em vez disso, perguntou à multidão se preferiam que ele soltasse Jesus ou Barrabás, sabendo porém qual seria a sua resposta. Havendo questionado a multidão outra vez, foi repreendido de novo: «Crucifica-o!».

> Pilatos viu que nada adiantava, mas que, ao contrário, o tumulto crescia. Fez com que lhe trouxessem água, lavou as mãos diante do povo e disse: Sou inocente do sangue deste homem. Isto é lá convosco! (Mt 27, 24)

Não podemos lavar as mãos em relação ao nosso dever recorrendo à multidão, como Pôncio Pilatos fez. Se sabemos que a liberdade irrestrita se irá degenerar em escravidão — seja pela opressão dos fracos pelos fortes, seja pela opressão das pessoas pelo pecado —, não podemos adotar essa liberdade e depois fingir que não tomamos a decisão de condenar.

***

Não há neutralidade entre bem e mal, nem para nós, nem para o Estado. Toda lei, regulamento e política — verse sobre quartetos musicais ou sobre aborto — abarca um juízo ou um pressuposto moral sobre o que é bom para a sociedade. Não há como redigir uma lei que não imponha alguma forma de moralidade.

Um governo que finja permanecer neutro perante visões conflitantes do sexo acaba apoiando as normas prevalentes. No caso do Ocidente moderno, trata-se do individualismo e da libertinagem, conceitos que naturalmente favorecem os poderosos — aqueles que podem arcar melhor com os custos da dissolução da família e do isolamento social. As crianças, os mais pobres e os não nascidos tornam-se todos excrescências conceituais dispensáveis.

A estabilidade que advém de casamentos sólidos e de uma sexualidade ordenada é essencial para lidarmos com a imprevisibilidade natural das nossas vidas. Dispensar essa estabilidade em favor de uma falsa liberação é abraçar uma precariedade que deixará atrás de si, fragmentadas, cada vez mais pessoas, famílias e comunidades. O bem comum exige uma autoridade civil que leve isso a sério. Se isso é impensável numa sociedade moderna e liberal, trata-se de um problema da modernidade e do liberalismo, e não da visão da Igreja sobre o sexo e o bem comum.

CAPÍTULO 9

APOCALIPSE E SOCIEDADE

No século XX, aperfeiçoamos os meios para separar duas coisas que antes pareciam indivisíveis: o átomo e a família. Ambos os desenvolvimentos tiveram consequências sociais e políticas até então inimagináveis. O que não percebemos é que as forças liberadas pela divisão do átomo seriam mais fáceis de conter do que as liberadas pela divisão da família.

A fissão nuclear iniciou uma era apocalíptica — uma era em que a aniquilação total e eficiente da humanidade está nas mãos da própria humanidade. Isso gerou certo fascínio por apocalipses (pelo Apocalipse), seja em relação à «destruição mutuamente assegurada» satirizada em *Dr. Fantástico,* seja na forma dos desastres globais retratados em *Armageddon, O dia depois de amanhã* ou nos filmes de zumbi.

O verdadeiro apocalipse tem menos ação, mas infinitamente mais poder e temor. A palavra é derivada do título grego do último livro da Bíblia — *apokalypsis* —, que normalmente é traduzido como «revelação». A edição católica da *Revised Standard Version*, por exemplo, chama esse livro de «A Revelação a João», com «O Apocalipse» entre parênteses.

(O «João» a quem essas visões se revelaram é conhecido pelos estudiosos das Escrituras como o misterioso «João de Patmos» e, pela tradição, como João Evangelista.)

Chamar o livro de «Revelação» deixa claro que *apokalypsis* não está diretamente relacionado à ideia de destruição, como passou a significar em sua acepção moderna. Antes, trata-se de um revelar da vontade de Deus para o mundo e, no fim dos tempos, do próprio Deus a todas as Suas criaturas. Com essa revelação final vem a destruição do mundo; daí a nossa associação do apocalipse com a aniquilação.

No entanto, esta é apenas uma parte da história. Apocalipses, no sentido estrito da palavra, acontecem todos os dias — pequenas revelações da vontade de Deus que nos forçam a ajustar os nossos planos ou que viram as nossas vidas de cabeça para baixo. Com efeito, toda Missa é um pequeno apocalipse, já que Deus nos é revelado sob a forma da Eucaristia[1]. Mas também há um sentido mais profundo de *apokalypsis* que vai além da simples revelação: o apocalipse é um *desvelar*.

***

Embora o grego antigo *apokalypsis* abarque o conceito de «revelação», em sua plenitude a palavra significa «desvelar». Com efeito, no mundo judaico à época da composição deste livro bíblico, seria mais provável escutar a palavra *apokalypsis* num casamento do que numa descrição do fim do mundo. Isso porque parte das festividades matrimoniais judaicas, com duração de uma semana, consistia na remoção do véu da noiva pelo noivo.

---

1   Ver Scott Hahn, *The Lamb's Supper: The Mass as Heaven on Earth*, Doubleday, Nova York, 1999, especialmente a Parte Três.

APOCALIPSE E SOCIEDADE

Na tradição judaica, essa remoção do véu — essa *apokalypsis* — acontecia pouco antes de se consumar o casamento. E por isso esse desvelar mostrava mais do que apenas um rosto sorridente; revelava a própria possibilidade de uma vida nova — a transformação da esterilidade em fertilidade e a criação de uma nova família. Lembremos que, para os antigos israelitas, a família era tudo; política e economia, identidade e cultura, a história e o futuro — tudo se entendia por referência à realidade fundamental do clã. Assim, a *apokalypsis* matrimonial revelava tanto a expansão do clã quanto a criação de uma nova família dentro dele, uma ocasião verdadeiramente grandiosa e poderosa, selada pela intimidade amorosa da união sexual.

Poderíamos contrastar essa compreensão do velar, em que o velado é reverenciado, com o uso do véu como símbolo de posse e sujeição, tal qual praticado em algumas culturas. É um erro tipicamente moderno confundir todos os tipos e significados do velamento com este último, mas essa abordagem entende de forma totalmente errada a natureza do véu na prática tradicional judaica e cristã. O que está atrás do véu é puro e poderoso, e não maculado e possuído.

***

Nem todo desvelar é tão grandioso quanto a revelação da presença de Cristo na Missa — ou mesmo os sorrisos radiantes trocados entre noiva e noivo no altar. Todos os dias deparamo-nos com pequenos apocalipses. A vontade imutável de Deus é-nos revelada regular e continuamente nas experiências — em especial nas mais inesperadas — de nossas vidas.

Às vezes essas surpresas são prejudiciais no sentido popular de «apocalipse», como a perda de um emprego ou um diagnóstico adverso. Porém, mesmo quando não são obviamente daninhas, sempre viram nossos planos do avesso e forçam-nos a reorientar as nossas vidas. O casamento e a vida em família são repletos desses apocalipses.

A revelação mais óbvia da vontade de Deus no casamento é, claramente, a criação de uma nova vida. É comum hoje em dia distinguir uma gravidez «planejada» da «não planejada», mas isso não passa de um apagamento de Deus e da Sua substituição pela nossa própria vontade. (Trata-se, também, de ignorância sobre fatos biológicos; embora possamos manipular as probabilidades de modo que a concepção se faça extremamente improvável, é impossível *assegurar* a concepção.) No fim das contas, precisamos da cooperação divina para criar uma nova vida — mesmo quando tentamos manipular Deus no laboratório de fertilidade.

Nenhuma criança pode ser planejada ou não planejada, e toda criança subverte as nossas expectativas de um modo ou de outro. Ainda que pensemos estar prontos — ainda que nos tenhamos nos preparado para a paternidade há anos —, a realidade sempre nos surpreende de alguma forma. Talvez o técnico de ultrassom tenha errado e aquele quartinho rosa tenha de ser pintado de azul. Talvez o painel genético tenha sido defeituoso e a intervenção médica esperada não seja mais necessária. E talvez o médico não tenha percebido um problema sério que exigirá uma vida de cuidados, atenção e contas a pagar.

As crianças não são, é claro, a única fonte de pequenos apocalipses na vida familiar. Há surpresas agradáveis, como promoções e novas amizades, que nos dão novas oportunidades para o crescimento espiritual, social e intelectual. E há surpresas desafortunadas, como doenças e acidentes, que desafiam famílias e exigem a redistribuição de recursos emocionais e financeiros que iriam para o lazer, para certos luxos e até para necessidades menos urgentes.

Cada um desses momentos nos vem recordar que não estamos nem jamais poderemos estar no controle pleno das coisas.

APOCALIPSE E SOCIEDADE

Assim como a *apokalypsis* do fim dos tempos revelará Jesus Cristo como Rei do Céu e da Terra, também esses pequenos apocalipses 'deveriam nos lembrar de que Ele é o Rei aqui e agora. Não experimentamos sucesso nem fracasso, triunfo nem tragédia, sem Ele. A certa distância, podemos enxergar que qualquer ordem social que se apoie unicamente nos planejamentos e expectativas humanas está destinada a um apocalipse, pequeno ou grande, mais cedo ou mais tarde.

***

Nossa cultura liberal e individualista valoriza a autonomia acima de tudo. Presume-se que o propósito da política seja remover, tanto quanto possível, tudo o que limite as escolhas, as ações e as autoidentificações individuais. Quaisquer obstáculos à nossa autonomia devem ser livremente escolhidos, isto é, devem ser *expressões* de nossa autonomia.

Essa sanha de autonomia é simplesmente o impulso de querer controlar todos os aspectos de nossas vidas — um controle que exige poder sobre a vida dos outros. Foi esse o primeiro pecado de Adão e Eva: o desejo, como a serpente sibilou a Eva, de «ser como deuses» (Gn 3, 5). Trata-se da tentação primordial, a primeira a nos separar de Deus e que nos vem afetando desde então. A sociedade secular moderna institucionalizou esse pecado anulando Deus e substituindo-o pela vontade de poder. E, assim, também anulamos o bem comum: todos os nossos relacionamentos e interações passam a ordenar-se à realização pessoal, em vez do bem-estar comunitário.

Esse projeto jamais será bem-sucedido. Autonomia e controle exigem previsibilidade. Então, seja no setor público, seja no privado, gastamos bilhões e bilhões de dólares em sistemas de *big data*, cyber-segurança e monitoramento para tornar a vida o mais segura, previsível e ordenada possível. Automatizamos nossas casas, nossos carros e nossas compras. Convencemos as mulheres a encher seus corpos de hormônios artificiais a fim de prevenir a criação de nova vida. Toda probabilidade é mapeada; todo perigo é identificado; toda contingência é pré-planejada. Ironicamente, a sanha de autonomia requer a centralização radical do poder e autoridade.

É assim que ocorre a *apokalypsis* — e ficamos ainda mais chateados porque nos havíamos convencido de que estava tudo calculado. Então, em vez de erguermos os olhos para o céu e pedirmos forças, sabedoria e compreensão para lidar com essa revelação da vontade divina, voltamos os olhos para baixo, em tristeza e desespero. Lembremo-nos da reação de Adão e Eva quando o Senhor vem vê-los depois de sua desobediência: «O homem e sua mulher esconderam-se da face do Senhor Deus, no meio das árvores do jardim» (Gn 3, 8). Uma vez que nos afastamos dEle, nosso próximo impulso autodestrutivo é fugir para mais longe.

A sanha por autonomia e controle degenera-se em medo e desespero. O antídoto é a confiança no Deus de amor e misericórdia que ordenou cada momento e movimento desde o princípio dos tempos — e não em burocracias e bases de dados, que são meras aproximações humanas, isto é, torres de Babel modernas e seculares com as quais tentamos atingir a onisciência. Sempre haverá pequenos apocalipses a nos surpreender e desafiar; encontramos estabilidade não na tentativa de eliminá-los — o que é uma tarefa para tolos —, mas quando nos ancoramos ao único Ser imutável do universo.

***

Se isso se aplica aos indivíduos, aplica-se ainda mais às sociedades. O individualismo liberal não consegue dar conta

APOCALIPSE E SOCIEDADE

da *apokalypsis* porque não consegue dar conta de nenhuma força para além do desejo, da vontade e da razão humana (em geral, nessa ordem). E assim o individualismo liberal é inerentemente instável, penhorando o placebo da autonomia a pessoas desesperadas não em razão de uma falta de liberdade, mas de uma falta de sentido — de um sentido que só pode vir de algo que as transcenda.

Anular a Deus elimina o principal motivo para a formação de uma comunidade política: o bem comum. Em última análise, o bem comum que compartilhamos e desejamos é a beatitude eterna com Nosso Senhor no céu. E, embora o Estado não possa obrar a nossa salvação, ele *pode* produzir condições favoráveis à salvação das almas.

Uma boa sociedade facilita tanto quanto possível às pessoas — todas as pessoas, e não apenas as ricas e respeitáveis — que sigam a vontade de Deus. Na maior parte do tempo, isso se traduz num crescimento cotidiano na virtude e santidade. Mas, quando a vontade de Deus nos é desvelada de modo especial e, por vezes, assustador, temos de estar prontos e aptos a mudar de curso.

Isso quer dizer que uma boa sociedade deverá esforçar-se por prover uma estabilidade social e econômica amplamente partilhada, de forma a que pequenos apocalipses possam ser enfrentados com confiança na providência do Senhor, em vez de nos fazerem desesperar em nossa impotência. Frequentemente esquecemos (ou ignoramos) a lista de direitos e deveres que a Igreja sempre ensinou serem essenciais à ordem e justiça:

> O ser humano tem direito à existência, à integridade física, aos recursos correspondentes a um digno padrão de vida: tais são especialmente o alimento, o vestuário, a moradia, o repouso, a assistência sanitária, os serviços sociais indispensáveis. Segue-se daí que a pessoa tem também o direito de ser amparada em caso

de doença, de invalidez, de viuvez, de velhice, de desemprego forçado, e em qualquer outro caso de privação dos meios de sustento por circunstâncias independentes de sua vontade[2].

Se essa lista parece extravagante, e até radical, é só porque já estamos vivendo há tempo demais numa sociedade que nega essas coisas essenciais a muitos dos nossos irmãos. Os meios para a provisão desses direitos são, sem dúvida, questionáveis, mas a sua necessidade não é.

***

A Igreja tem um papel especial a desempenhar na criação e manutenção de uma sociedade aberta à *apokalypsis*. Isso fica ainda mais claro na ordem das coisas sobrenaturais — a ordem da graça. A participação na vida sacramental da Igreja é absolutamente essencial ao desenvolvimento de uma abertura confiante à vontade de Deus. Ademais, o bem comum sobrenatural — a bem-aventurança eterna — é de competência exclusiva da Igreja. Esse é o tema de grande parte do restante deste livro.

Mas a Igreja também é necessariamente ativa na ordem da natureza. Tentativas de isolar a Igreja no reino do sobrenatural são intelectualmente tortas, socialmente prejudiciais e estão fadadas ao fracasso. Jesus Cristo é Rei do Céu *e* da Terra; a Igreja, como Sua esposa e transmissora da Sua graça, é parte necessária de ambas as ordens, natural e sobrenatural.

Portanto, além de preparar os fiéis espiritualmente para os pequenos apocalipses da vida, as paróquias, apostolados e ministérios preparam-nos de maneiras mais prosaicas — por meio do apoio social e financeiro, por exemplo. As paróquias são e precisam ser mais do que locais de culto por

---

2   Papa João XXIII, Carta encíclica *Pacem in Terris*, 11 de abril de 1963, 11.

APOCALIPSE E SOCIEDADE

uma hora semanal. Quando a fé se reduz a uma obrigação a ser cumprida semanalmente, isso apenas confirma a ideia predominante de que a «religião» é só mais um aspecto da vida entre muitos outros — um aspecto que devemos deixar de lado para participar cotidianamente do mundo secular. A liturgia é primordial para a missão da Igreja, seja na ordem da natureza, seja na da graça; a Missa é, de um jeito real, o céu na terra. Se uma paróquia não fizer mais nada além da Missa, ainda estará oferecendo um serviço de valor incalculável à comunidade. Nada pode substituir a Eucaristia. Mas isso não quer dizer que devamos descansar; padres e leigos podem participar da obra de Deus de muitas outras formas nas suas comunidades.

Ao permanecer ativa no maior número possível de áreas da sociedade, a Igreja reflete a verdade de que a fé não pode ser categorizada como uma preocupação «meramente religiosa». A paróquia deveria, tanto quanto possível, ser o centro de toda a vida para os fiéis. Se assim for, ela se tornará a refutação viva de uma cultura hostil, servindo aos paroquianos e à comunidade em geral os frutos do céu e da terra.

O conceito-chave aqui é *integração*. Uma comunidade católica integral dá forma à integridade abrangente da fé quando não admite qualquer separação entre os seus serviços espirituais e os sociais. É inaceitável que sejamos isolados na «esfera religiosa» da vida, assim como é inaceitável agir como uma organização secular sem fins lucrativos; ambas as abordagens cedem a um *status quo* inadmissível. Formando comunidades integrais, tornamo-nos sinais proféticos de contradição e moldamos o tipo de comunidade que deveria, por assim dizer, *integrar* toda a humanidade.

***

Seguir a vontade de Deus não é sempre algo prático, ao menos no sentido em que essa palavra é normalmente compreendida. Chegar tarde ou sair cedo do trabalho para comparecer à Missa num dia santo de guarda pode não agradar ao seu chefe. Rejeitar uma oferta de emprego que exija um comprometimento inaceitável de princípios morais ou dos deveres familiares pode fazer mal às finanças. Talvez pareça ousado a Igreja gastar dinheiro em metais preciosos e arte refinada.

Mas essas ações só são «pouco práticas» se nos restringirmos a preocupações mundanas. E o que poderia ser menos prático que isso? Se «praticidade» é a aplicação da sabedoria e da prudência a circunstâncias particulares, então não seria nada prático simplesmente ignorar o participante mais importante de cada momento de nossas vidas: o Senhor Deus.

Ao abraçarem uma praticidade diferente e mais plena, as vidas dos católicos de hoje, como a da própria Igreja, tornam-se sinais de contradição. E é assim que deve ser. Não devemos adequar-nos confortavelmente a uma cultura que só valoriza a autonomia e exclui Deus de toda a história. Temos de nos sentir deslocados e, às vezes, temos de parecer deslocados.

Podemos até dizer que devemos ser o povo do apocalipse, vivendo na constante expectativa dos pequenos apocalipses da vontade de Deus para nós, do apocalipse regular da Missa e do apocalipse final da Sua glória. Isso é levar uma vida orientada em primeiro lugar para o céu, e apenas em segundo lugar para o mundo.

CAPÍTULO 10

A BATALHA PESSOAL

A santidade pessoal é um pré-requisito para o sucesso de todos os conceitos sociais e políticos que abordo neste livro. Não há teorias sofisticadas ou procedimentos perfeitos que possam servir de reparação um povo que abandonou a virtude.

Até agora, examinei como o casamento provê estrutura, sustentação e sentido à sociedade. As famílias são as unidades fundamentais com as quais se constroem as sociedades humanas e a chave conceitual para compreendê-las. O casamento é a instituição indispensável; a família é a primeira sociedade.

Além disso, esbocei uma visão católica da sociedade que coloca o bem comum — e não a liberdade, a segurança, a igualdade ou qualquer outro conceito positivo, mas insuficiente — em seu centro. Uma sociedade que leva o bem comum a sério também levará a sério o casamento e se organizará de modo que a formação de casamentos duradouros e famílias fortes seja o mais fácil possível para nós, seres profanos.

Ao longo deste livro, venho analisando as comunidades e instituições — casais, famílias, governos e corporações — que compõem a sociedade mais ampla como uma refutação implícita do liberalismo individualista e secular. Numa cultura política em que todos os lados do debate público dedicam a sua atenção aos direitos e liberdades individuais (ainda que cada um priorize direitos e liberdades diferentes), a nossa preferência pelas comunidades, estruturas e responsabilidades constitui um importante corretivo e um desafio radical. A visão social da Igreja não se adequa, e nem deve adequar-se, às sociedades liberais do século XXI.

No entanto, não podemos ignorar completamente o indivíduo. Embora sejamos feitos para a comunidade da mesma forma que o Deus uno e trino é uma comunidade de amor, somos criados como indivíduos do mesmo modo que Jesus Cristo é um homem individual. A nossa dignidade de pessoas criadas à imagem de Deus nos cabe como indivíduos, não como membros de comunidades familiares, étnicas ou nacionais. E o nosso relacionamento com o Senhor não é mediado por nenhuma outra pessoa ou instituição humana; ele é verdadeiramente pessoal.

Independentemente do quão «perfeita» a organização de uma sociedade e governo possa ser, ela não pode nos tornar bons. Uma sociedade bem ordenada facilitaria a prática do bem, mas não pode fazer o trabalho de santificação individual que se desenvolve entre cada um de nós e o Senhor. Todas essas belas ideias a respeito de comunidades, do Estado e do bem comum só darão frutos em uma sociedade cheia de indivíduos que busquem a santidade.

***

Eis o problema: não podemos esperar que as condições melhorem para nos lançarmos à árdua tarefa de crescer em virtude. Um mundo melhor não vai simplesmente aparecer pronto para nos encaixarmos confortavelmente com uma rotina de oração e virtude habitual. Precisamos deixar a nossa

A BATALHA PESSOAL

casa espiritual em ordem em meio ao tornado imprevisível de uma época secular e alienada para podermos simplesmente começar a planejar um futuro mais santo.

Um dos conceitos mais importantes para termos em mente ao empreender esta tarefa é a *integridade*. Nos capítulos anteriores, usei o seu oposto, a *desintegração*, para descrever o que acontece às famílias e sociedades deslumbradas pelo individualismo. Uma coisa qualquer mantém sua integridade inteira — isto é, mantendo unido aquilo que deve estar unido. Des-integrar, então, é separar aquilo que deveria estar inteiro, fazendo que o todo perca não só a sua unidade, como também, muitas vezes, a sua própria identidade. (Quando um castelo de areia se desintegra não se torna somente um castelo de areia quebrado; em vez disso, ele deixa totalmente de ser um castelo de areia.)

O liberalismo secular moderno não só desintegra as famílias e outras comunidades; ele também incentiva a desintegração de indivíduos. Pense em todas as maneiras como somos incentivados a dividir nossas vidas artificialmente: espera-se que nós (especialmente os homens) abracemos a irresponsabilidade e promiscuidade em nossa juventude e depois sosseguemos magicamente na monogamia assim que se prestem os votos. Espera-se que apartemos trabalho e família (e frequentemente outras partes da vida), fazendo valer uma estrita separação como se pudéssemos, por exemplo, suspender nossas identidades familiares no local de trabalho. E espera-se que mantenhamos a nossa fé isolada entre as quatro paredes da igreja para que se possa manter uma praça pública devidamente laica.

Nesses sentidos, e em muitos outros, somos constantemente desafiados a manter a integridade de nossas vidas — a integridade para a qual fomos criados e que Deus pede de nós. Todas essas des-integrações nos podem sugerir que há momentos de nossas vidas em que os nossos deveres, para com Deus e com o próximo, são suspensos. Aventuras sexuais da juventude são desculpadas e até louvadas como «experimentação»; largar a identidade familiar na porta do serviço chama-se «profissionalismo»; fingir que Deus não importa depois que a Missa acaba é necessário por motivos de «respeito» e «tolerância». Não, não — de jeito nenhum. Esse é um dos truques mais astuciosos que o demônio tenta usar — convencer-nos não de que as regras e deveres desapareceram, mas de que simplesmente não se aplicam no momento.

Devemos orar constantemente pela integridade — pela graça de viver nossas vidas com unidade e plenitude, e de resistir às tentações à desintegração que nos rodeiam. São Paulo escreveu:

> Nas corridas de um estádio, todos correm, mas bem sabeis que um só recebe o prêmio. Correi, pois, de tal maneira que o consigais. Todos os atletas se impõem a si muitas privações; e o fazem para alcançar uma coroa corruptível. Nós o fazemos por uma coroa incorruptível. Assim, eu corro, mas não sem rumo certo. Dou golpes, mas não no ar. Ao contrário, castigo o meu corpo e o mantenho em servidão, de medo de vir eu mesmo a ser excluído depois de eu ter pregado aos outros. (1 Cor 9, 24-27)

A corrida nunca termina; se não estamos avançando, estamos ficando para trás. Embora todo estágio e momento na vida tenham seus próprios deveres e prioridades, a integridade do ser humano exige que nunca deixemos a nossa *primeira* identidade em Cristo e nossos *primeiros* deveres para com o Senhor desaparecerem.

A BATALHA PESSOAL

***

Talvez a luxúria seja o vício mais desintegrador, tanto pessoal quanto socialmente. A luxúria separa-nos dos outros por estabelecer uma relação sujeito-objeto entre nós e os alvos do nosso olhar. Isso, por sua vez, nos separa de nós mesmos, conforme a objetificação dos outros infecta o modo como pensamos a nossa própria humanidade.

O Catecismo da Igreja Católica identifica a natureza desintegradora da luxúria já em sua definição: «A luxúria é um desejo desordenado ou um gozo desregrado de prazer venéreo. O prazer sexual é moralmente desordenado quando procurado por si mesmo, *isolado das finalidades da procriação e da união*» (CIC, 2351; ênfase minha). A luxúria remove da sexualidade os aspectos de cuidado com o outro — as «finalidades da procriação e da união» — deixando somente a busca egocêntrica do prazer e do poder.

A luxúria também promove uma desintegração da pessoa em «corpo» e «alma». Os outros se tornam, aos nossos olhos, simplesmente corpos projetados para a nossa satisfação pessoal, em vez de pessoas integradas — almas incorporadas. Logo passamos a ver-nos como uma carne descolada da alma — uma carne da qual podemos extrair prazer. Objetificamos a nós mesmos, aniquilando a nossa verdadeira natureza de criaturas integradas, feitas à imagem de Deus.

Isso é altamente prejudicial para a integridade do relacionamento conjugal, que exige que os esposos se entreguem um ao outro completamente — corpo e alma integrados. Sob o domínio da luxúria, até o ato sexual conjugal torna-se um tipo de realidade virtual em que os corpos se debatem prazerosamente enquanto os esposos falham em estar totalmente *presentes* um para o outro. Trata-se do equivalente carnal de acenar com a cabeça enquanto seu cônjuge fala, quando na verdade você está escutando música alta.

Este último pode ser comunicação, estritamente falando, e o primeiro pode ser sexo, estritamente falando, mas a ambos falta o fim próprio a esses atos: a comunhão.

***

Seria fácil culpar a nossa cultura cruel e grosseira pela tentação particularmente forte da luxúria, mas o Catecismo reconhece a ancestralidade da discórdia que emerge da desordem sexual:

> Todo homem faz a experiência do mal, à sua volta e em si mesmo. Esta experiência também se faz sentir nas relações entre o homem e a mulher. Sua união sempre foi ameaçada pela discórdia, pelo espírito de dominação, pela infidelidade, pelo ciúme e conflitos que podem chegar ao ódio e à ruptura. Essa desordem pode manifestar-se de maneira mais grave ou menos grave, e pode ser mais ou menos superada, segundo as culturas, as épocas, os indivíduos. *Tais dificuldades, no entanto, parecem ter caráter universal.* (CIC, 1606; grifo meu)

Esta passagem lista diversos vícios que ameaçam o casamento, mas todos eles têm sua raiz na desintegração e objetificação inerentes à luxúria. Como todos os pecados, a luxúria finge revelar e realizar os nossos desejos mais profundos, quando na verdade ela obscurece a nossa visão da verdade, de Cristo, do outro e de nosso verdadeiro ser.

Embora a publicidade, a cultura popular e especialmente a pornografia tenham estabelecido condições que estimulam a luxúria, desejos desordenados maculam o relacionamento entre homens e mulheres desde a Queda. Embora a construção de uma cultura menos favorável ao pecado capital da luxúria deva ser uma prioridade, não podemos fazer da «cultura» um

A BATALHA PESSOAL

bode expiatório para nossas dificuldades pessoais. É nosso dever lutar contra a luxúria em nossos corações.

***

Estas três frases de São Josemaria Escrivá, o grande santo do século XX e fundador do Opus Dei, dão-nos a ordem fundamental de batalha para a guerra espiritual:

> Quem deseja lutar [a batalha espiritual] serve-se dos meios adequados. E os meios não mudaram nestes vinte séculos de cristianismo: oração, mortificação e frequência de Sacramentos. Como a mortificação também é oração — oração dos sentidos —, bastam-nos duas palavras para descrever esses meios: oração e Sacramentos[3].

A luxúria às vezes pode parecer incontrolável, mas com a oração, mortificação e sacramentos temos todos os recursos de que precisamos para refreá-la e derrotá-la. Lembremos sempre que o Senhor disse a São Paulo: «Basta-te minha graça, porque é na fraqueza que se revela totalmente a minha força» (2 Cor 12, 9).

Comecemos pela oração e mortificação. O que São Josemaria quer dizer quando ensina que a mortificação é «oração dos sentidos»? Do mesmo modo que a oração eleva as nossas almas a Deus, a mortificação — isto é, hábitos de abnegação, como o jejum e a abstinência — eleva os nossos corpos a Deus. Portanto, a mortificação é simplesmente uma categoria de oração, a qual é, porém, essencial à natureza integral do homem — corpo e alma.

São Josemaria escreve: «A mortificação é o sal da nossa vida. E a melhor mortificação é a que combate — em pequenos detalhes, durante o dia todo — a concupiscência

---

3 *É Cristo que passa*, n. 78.

da carne, a concupiscência dos olhos e a soberba da vida»[4]. Em outras palavras, as mortificações mais eficazes não são sempre enormes (e por vezes chamativas) imposições a que nos submetemos, mas pequenas (e por vezes imperceptíveis) decisões que põem os outros em primeiro lugar: escolher o pedaço de pizza menos apetitoso, assistir com alegria ao programa de TV favorito de nosso cônjuge, e assim por diante. Essas pequenas mortificações nos acostumam a pensar em nossos deveres para com os outros e o Senhor, de modo que quando, por exemplo, a luxúria nos atacar fortemente, estejamos prontos.

Da mesma maneira, a oração não precisa significar um compromisso imediato com terços em família ou horas de adoração — ainda que essas coisas sejam muito boas e devam estar entre as nossas metas espirituais. A formação do hábito de oração começa com pequenas evocações de Deus ao longo do dia: uma oferta da manhã de quinze segundos, uma oração de ação de graças de poucos segundos por ter sido guiado até o trabalho com segurança, uma petição silenciosa por um membro da família que parece estar em apuros. Desse modo nos tornamos, como ocorre com a mortificação, acostumados a recorrer ao Senhor quando chegam as dificuldades.

A oração da mente e do corpo cura a desintegração causada por pecados como a luxúria, reintegrando-nos à vida perfeita e ao amor de Jesus Cristo, bem como a nós mesmos e àqueles à nossa volta. Isso não quer dizer que tudo ocorra de maneira fácil ou automática. A oração não é um passe de mágica. É uma batalha constante — uma guerra — para identificar e curar as feridas causadas pelo pecado. Mas não estamos sozinhos nisso — de fato, não conseguimos lutar sozinhos. Sempre recorremos à Igreja Triunfante —

---

4   *Ibidem*, n. 9.

A BATALHA PESSOAL

à Comunhão dos Santos — em nossas orações[5], mas agora gostaria de concentrar-me na liturgia e nos sacramentos.

***

São Josemaria não poupa ninguém: «Se se abandonam os sacramentos, desaparece a verdadeira vida cristã»[6]. Ele diz isso tanto na dimensão pessoal como na comunitária. O recebimento regular dos sacramentos é parte integral da vida cristã e é essencial a qualquer plano de batalha espiritual:

> Mas a luta exige treino, alimentação adequada, remédios urgentes em caso de doença, de contusões, de feridas. Os Sacramentos — principal remédio da Igreja — não são supérfluos: quando se abandona voluntariamente, não se pode dar um só passo no seguimento de Jesus Cristo; necessitamos deles como da respiração, da circulação do sangue ou da luz, para sabermos avaliar em qualquer instante o que o Senhor quer de nós[7].

Se, na oração, nos erguemos para Deus, nos sacramentos é Ele quem vem até nós. O sacramento da Confissão, que São Josemaria chama de «tribunal de segura e divina justiça, e sobretudo de misericórdia»[8], acentua a natureza espiritual de Jesus, e a Eucaristia acentua a sua fisicalidade. Tomados conjuntamente, esses sacramentos sempre disponíveis relembram-nos da natureza físico-espiritual integral que compartilhamos com Jesus Cristo.

A liturgia e os sacramentos também nos reúnem para compartilharmos os nossos esforços e a graça de Deus. Mesmo na privacidade do confessionário com um padre que age

---

5   Ver Scott Hahn, *Anjos e santos*.

6   *É Cristo que Passa*, n. 78.

7   *Ibidem*, n. 80.

8   *Ibidem*, n. 78.

in persona Christi ainda estamos entrando em uma espécie de comunhão com o Senhor e com outra pessoa. E, é claro, na Missa a congregação reza e recebe a Eucaristia unida. A Comunhão da Eucaristia é com Jesus Cristo, não com a congregação, mas não deixa de haver um tipo diferente e menor de comunhão, com «c» minúsculo, conforme nos aproximamos dEle juntos.

A oração individual e a liturgia comunitária juntas refletem a unidade-na-trindade de Deus, a cuja imagem os seres humanos são criados. A universalidade da fé — a sua catolicidade — é muito frequentemente marcada não pelo *ou/ou*, mas pelo *tanto/quanto*: tanto individual quanto coletiva, tanto a alma quanto o corpo, tanto espiritual quanto físico. Nós representamos e experimentamos essas verdades integrais acolhendo-as em nossa oração e culto.

***

A solução para a luxúria é, num certo sentido, extremamente simples: a graça de Deus. Pedir por ela e cooperar com essa graça é a parte difícil, e não há um coquetel especial de orações, mortificações e liturgias que aperfeiçoará magicamente as nossas almas; Deus não compactua com a nossa maneira mecanicista de pensar. E, no entanto, mesmo em períodos de aridez espiritual, temos a confiança de que a graça transborda nos sacramentos.

Somos chamados a viver de maneira sacramental. Assim como os sacramentos são o centro da vida da Igreja, eles deveriam estar também no centro da vida dos indivíduos, famílias e comunidades. Deveriam ser parte da vida cotidiana tanto quanto tomar café da manhã ou ir buscar a correspondência. Deveríamos falar deles com a mesma familiaridade e facilidade com que falamos de esportes ou do tempo. os sacramentos não devem ocupar um canto escuro das nossas

A BATALHA PESSOAL

vidas dedicado a «questões religiosas» — pelo contrário, devem ser centrais às nossas vidas porque são vivificantes.

Em discussões sobre a importância dos sacramentos para a batalha espiritual, sempre mencionamos a Confissão e a Eucaristia porque os recebemos regularmente. Mas o Matrimônio constitui um derramamento de graças tão importante quanto qualquer outro sacramento; pode expressar-se em uma cerimônia única, mas a graça associada a ele dura toda uma vida.

Qualquer compromisso com uma vida sacramental, no nível individual, familiar ou social, deve portanto incluir o casamento não apenas como um fenômeno sociológico, mas como sacramento.

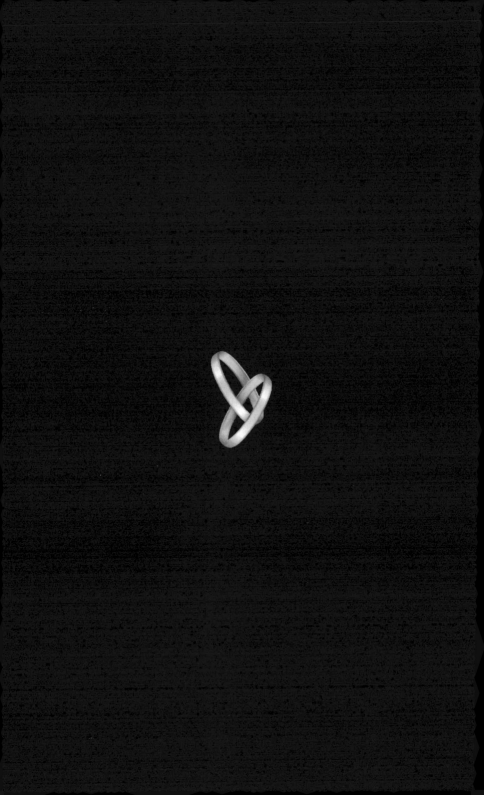

CAPÍTULO 11

A REDENÇÃO DO MATRIMÔNIO PELO SACRAMENTO

A «santidade do casamento» tornou-se um bordão político popular, usado por alguns para defender leis tradicionais de regulamentação do casamento e por outros para caçoar da ideia de que o casamento ainda tem alguma aura de santidade. Compreendo os dois lados dessa guerra de lama política.

Por um lado, o casamento, considerado sacramentalmente ou apenas naturalmente, é de fato uma instituição sagrada. Foi estabelecido por Deus e reflete a Trindade. A grande bênção da nova vida — novas almas geradas pelo próprio Deus e ordenadas à comunhão eterna com Ele — emerge do laço matrimonial. Sim, o casamento tem santidade.

E, no entanto, quem poderia negar que o «casamento tradicional» na América do século XXI virou uma farsa? Muito antes de as palavras «casamento entre pessoas do mesmo sexo» entrarem no léxico público, o divórcio sem culpa varreu o país e a taxa de separações disparou em 50%. Antes disso, todas as leis que restringiam a contracepção artificial haviam sido eliminadas; consequentemente, a noção predominante por pelo menos duas gerações tem sido a de que não existe nenhuma conexão inerente entre casamento e procriação. Trata-se de duas escolhas totalmente distintas que um casal pode fazer. A prática do casamento na América e nos países ocidentais tem, sim, ignorado e enfraquecido a sua santidade.

Todo o debate acerca do «casamento» entre pessoas do mesmo sexo é mera consequência da nossa incapacidade de viver inseridos nos parâmetros mais básicos do casamento natural. O movimento LGBT não destruiu o casamento; qualquer cultura com um respeito mínimo pelo matrimônio julgaria o conceito de «matrimônio» entre pessoas do mesmo sexo completamente incompreensível. Isto é: qualquer sociedade em que a ideia de «matrimônio» entre o mesmo sexo possa ganhar tração já perdeu a sua cultura de casamento.

Uma vez que se perde o significado e propósito do casamento, qualquer coisa pode acontecer. O casamento plural está ganhando força com grupos adeptos do poliamor — isto é, grupos de mais de duas pessoas que vivem juntas e mantêm relações sexuais entre si —, aumentando em número e visibilidade. O conceito de «*leasing* de casamento» — um contrato de casamento temporário, mas renovável — já foi casualmente proposto em publicações de renome. A respeitável Oxford University Press publicou recentemente uma coleção de ensaios intitulada *After Marriage*, em que acadêmicos sugerem modos de reformular radicalmente a instituição — da descriminalização da poligamia e separação entre paternidade e casamento à abolição pura e simples do casamento. Até a *Good Housekeeping*, revista feminina *mainstream* conhecida principalmente por receitas de suflê e avaliações críticas de panelas, recentemente publicou uma matéria, em tom de aprovação, sobre uma nova tendência em casamentos: o autocasamento.

A REDENÇÃO DO MATRIMÔNIO PELO SACRAMENTO

Isso tudo é bem perturbador. Mas não podemos permitir que nos satisfaçamos apenas em acusar os quintetos poliamorosos e narcisistas autocasados, dizendo: «A-há! Eles são o problema com o casamento!». Faríamos melhor se nos lembrássemos da famosa declaração popularizada na tirinha do *Pogo*, lá nos anos 1970, bem quando o casamento estava sendo destruído por dentro e por fora: «Encontramos o inimigo, e ele somos nós». Isso não aconteceu da noite para o dia; e nem começou apenas nos anos 1960. Não haverá a reconstrução de uma cultura do casamento até que nós, como cristãos, e especificamente como católicos, comecemos a viver a verdade do casamento como Deus a quis.

***

Estamos vivendo um círculo vicioso: novas ideias e tecnologias minaram a compreensão histórica do matrimônio como uma instituição natural e sacramental. Sem entender o que o casamento é e pode ser, nossa vivência matrimonial declinou tanto numericamente quanto em relação à qualidade dos casamentos que enfim se formaram. Nossa má execução dos deveres do casamento, então, corroeu ainda mais a nossa compreensão da sua verdadeira natureza, o que, por sua vez, levou a uma degradação maior da vivência matrimonial...

O que fazer para interromper esse processo? Existe alguma poção mágica que possamos lançar nesse círculo que não só o detenha, como também restaure o nosso estado original?

É tipicamente americano pressupor que, com a quantidade certa de graxa e fita adesiva, pode-se consertar qualquer coisa. Então olhamos para o casamento e dizemos: «Se pudéssemos, por um árduo esforço de persuasão, redescobrir e disseminar entre as pessoas a compreensão histórica do matrimônio, poderíamos parar e reverter as tendências atuais!».

Essa maneira de pensar é equivocada por dois motivos. Primeiro, lembremos que uma das premissas deste livro é a de que não é hora de nostalgia e de lembranças cor-de-rosa. O vocabulário da «reversão» e da «restauração» presume que haja algum passado recente satisfatório para o qual possamos e devamos retornar. Mas isso é uma ilusão. Precisamos olhar para a frente e tentar construir um futuro com as melhores lições do passado, em vez de tentar recriá-lo.

Segundo, o foco na persuasão é uma limitação à solução proposta. Mas a participação no campo de batalha da persuasão exige que sigamos as regras seculares do debate público moderno — o que o falecido Pe. Richard John Neuhaus chamava, já em 1984, de «a praça pública desnuda». Apelos à fé, à graça, às Escrituras e à revelação são proibidos. Portanto, o único casamento que podemos defender no debate público é o casamento natural — e não o sacramental.

Podemos acrescentar todas as marcas do casamento natural — permanência, exclusividade e abertura à vida — que são acessíveis à razão natural, mas não podemos falar da graça divina do sacramento do Matrimônio. O melhor que podemos esperar, então, é o ressurgimento da compreensão pública do casamento natural. E, embora isso pudesse representar uma melhora em relação ao *status quo*, não seria nem de longe suficiente.

Como argumentava no capítulo quatro, o casamento é impossível sem a graça do sacramento. Quão mais impossível, então, será a existência de uma cultura matrimonial sem uma compreensão e apreciação pública da sacramentalidade do matrimônio?

Há uma oportunidade de cooperação ecumênica aqui. Na medida em que certas denominações protestantes reconhecem a verdadeira natureza do matrimônio, elas também participam do sacramento e podem, portanto, participar do processo de restauração da compreensão pública dessa sacralidade.

A REDENÇÃO DO MATRIMÔNIO PELO SACRAMENTO

***

É mais fácil lidar com aquilo que está intacto do que com aquilo que está desfeito. Imaginemos uma sacola de compras que se rasga ou uma barraca antes e depois de se encaixarem todas as suas partes: intactas, elas podem ser sustentadas, carregadas e montadas; quebradas, desfazem-se em muitas partes soltas e pendentes para dois braços darem conta.

O mesmo ocorre com o casamento natural de homens e mulheres pecadores. Se fôssemos perfeitos, os deveres e desafios do matrimônio não nos ofereceriam problema algum. Só precisaríamos obter um reto entendimento do que é o casamento e conseguiríamos vivê-lo sem pensar duas vezes — como robôs que obedecem ao comando de um software.

Mas somos pecadores confusos e caídos — cada um de nós, sem exceção. Manter o casamento natural como o nosso ideal social poderia ser suficiente para uma sociedade de pessoas perfeitas, mas não é suficiente para suportar a carga da nossa defectividade. Não somos androides que executam a vontade de Deus com precisão e sem hesitar; rebelamo-nos todos os dias, como os nossos primeiros antepassados se rebelaram no jardim.

Se buscássemos simplesmente uma sociedade construída com base no matrimônio natural, desnudado de toda a divindade e sacralidade, talvez a alcançássemos, mas não por muito tempo. Mesmo que todos tivéssemos uma compreensão (secular) perfeita da permanência, exclusividade e abertura para a vida — e mesmo que o divórcio e a contracepção artificial fossem banidos por lei — acharíamos as expectativas do casamento impossíveis e intoleráveis.

Sem o poder da graça divina, nossa defectividade não demoraria para reafirmar-se, a de cada pessoa ao seu próprio e único modo. O novo círculo vicioso que resultaria disso esvaziaria a cultura matrimonial renascente: a vivência matrimonial degradar-se-ia conforme as pessoas começassem a cortar caminhos e ignorar diretrizes, o que por sua vez degradaria as normas que lutamos tanto para estabelecer. Lembremos que o casamento sem Deus é possível na teoria, mas não na prática.

A divulgação de uma visão secularizada do casamento natural baseia-se normalmente numa tentativa bem-intencionada de tornar a verdade do casamento acessível e aceitável para uma sociedade secular liberal. A triste ironia é que justo o que a torna aceitável — a desconsideração de tudo o que é sobrenatural — torna-a insustentável. O casamento natural puro e simples pode ser mais fácil de vender a princípio, mas só o casamento sacramental pode formar uma fundação sólida para a ordem social.

Lembramo-nos, é claro, da admoestação nos Hebreus: «Aliás, não temos aqui *cidade permanente*, mas vamos em busca da futura» (Hb 13, 14; grifo meu). Toda ordem política e social desintegra-se sob a influência destrutiva do pecado, que jamais se extingue totalmente da nossa natureza deste lado do véu; não existe uma ordem perfeitamente sustentável. Mas isso não é razão para se desesperar — para lançarmos as mãos para o alto e dizermos «vale tudo», porque tudo se desintegrará, não importa o que façamos. Nosso dever é fomentar o bem comum de um modo sustentável da melhor maneira possível; o casamento natural secularizado não é uma fundação adequada para esse esforço.

***

Há, porém, outro problema com a defesa do casamento sem o reconhecimento de sua natureza sacramental: ela entende o casamento de maneira equivocada. Recordemo-nos do capítulo quatro: a sacramentalidade não é um «bônus» que colocamos em cima do casamento: ao contrário, ela é

A REDENÇÃO DO MATRIMÔNIO PELO SACRAMENTO

essencial para *aquilo que o casamento é* sob a Nova Aliança. Defender um conceito público de casamento que lhe subtraia a sua natureza sacramental é como fazer um discurso em que se substituam todas as ocorrências do artigo definido pela palavra *«futebol»*. Não faz sentido algum.

Isso quer dizer que, como católicos, não podemos colaborar com secularistas em relação à linguagem do casamento. Só porque os poderes constitucionais do nosso país não têm ideia do que significa «sacramentalidade» e não saberiam diferenciar a Nova Aliança do New Deal, não quer dizer que não estejam submetidos às verdades da sacramentalidade do Novo Testamento. A possibilidade de entrar numa relação familiar com Deus — a promessa fundamental da Nova Aliança — estende-se à nossa elite secular tanto quanto se estende a mim e a você.

O casamento é uma aliança, não só para os católicos mas para todos, quer o reconheçam, quer não[1]. Podemos errar em não reconhecer a sua natureza de aliança, mas o nosso mal-entendido subjetivo do casamento não muda a realidade objetiva. O casamento civil, portanto, é uma tentativa incompleta de imitar o casamento sacramental.

A verdade da Igreja não está suspensa em uma cultura secular, nem se suspende o nosso dever de expressá-la em sua plenitude. Mas não só obscurecemos a verdadeira natureza do casamento quando neutralizamos a sua sacramentalidade; obscurecemos também a verdadeira natureza do bem comum. O fato é que a sociedade *precisa de casamentos sacramentais*. A estrutura e sustentabilidade da sociedade dependem não só de um compromisso com as responsabilidades conjugais que podemos deduzir da natureza, mas da graça de Deus que flui do sacramento do Matrimônio.

---

1 Ver Gordon P. Hugenberger, *Marriage as a Covenant: Biblical Law and Ethics as Developed from Malachi*.

Scott Hahn ❧ A PRIMEIRA SOCIEDADE

***

Façamos uma pausa para uma breve revisão da relação entre a Igreja, a graça de Deus e os sacramentos. Jesus Cristo estabeleceu a Igreja Católica, e ela é Sua esposa. Desde aquele momento até o fim dos tempos, a Igreja assumiu o encargo de manter os sacramentos — eles próprios estabelecidos por Jesus. Enquanto votos de aliança[2], os sacramentos confirmam e renovam a relação de aliança entre Deus e o Seu povo.

Como tais, os sacramentos não são *apenas* símbolos ou rituais; símbolos e rituais que transmitem verdadeiramente a graça de Deus ao Seu povo. Não se trata de uma metáfora ou abstração; com o desempenho apropriado de um sacramento da Igreja, podemos dizer com certeza que aquele ou aqueles que recebem o sacramento recebem o dom da graça de Deus. A Igreja, portanto, é o meio pelo qual a graça é concedida à humanidade.

A nossa salvação depende dessa graça e, por isso, a nossa salvação depende da Igreja. Todo o crescimento em santidade que experimentamos tem a graça divina como sua causa última. Tudo o que há de bom neste mundo vem dEle. Não podemos ser as pessoas que Deus nos criou para ser sem a Igreja e os sacramentos que ela guarda.

Os três parágrafos anteriores contêm ensinamentos básicos, desde os Padres da Igreja até hoje. A sua fonte é a Palavra de Deus e ela sobreviveu a heresias e desafios de todos os tipos. Todos concordam que acreditar nessas verdades é essencial à fé católica.

Mas essa concordância se rompe quando o seu corolário óbvio é enunciado: a Igreja é essencial à sociedade — não apenas como participante ocasional ou uma opção entre muitas, mas como a mais indispensável instituição da sociedade.

---

2   Ver Scott Hahn, *Swear to God: The Promise and Power of the Sacraments*, Image, Nova York, 2004.

A REDENÇÃO DO MATRIMÔNIO PELO SACRAMENTO

E como poderia ser de outra maneira? A necessidade da graça de Deus não se esvai quando afastamos a câmera do indivíduo para focar a comunidade, tampouco desaparece a necessidade da Igreja.

Nos próximos capítulos irei mais além e explicarei como a Igreja é mais que somente a *instituição central* da sociedade: ela *já é* uma sociedade — a sociedade celeste a que nos devemos conformar. Por ora, digamos apenas o seguinte: se quisermos mesmo criar uma cultura matrimonial vívida e sustentável (e, portanto, uma sociedade vívida e sustentável), precisamos ser honestos em relação à função de Deus e de Sua Igreja nessa cultura. A graça de Deus é o oxigênio do fogo do casamento, e a nossa civilização secular liberal é o que o abafa.

***

Não nos enganemos: essa é uma afirmação radical no mundo de hoje. Estamos acostumados com um sistema político que afirma não privilegiar nenhuma religião ou ideologia ao mesmo tempo que coloca o liberalismo secular como estrela-guia da legitimidade. Temos o costume de criticar a segunda parte do estado de coisas — a elevação do liberalismo secular ao status de religião —, mas e quanto à primeira? O nosso governo e sociedade não deveriam privilegiar uma religião acima de outras?

Se o que disse até agora sobre o matrimônio, os sacramentos e a graça for verdade, então ficará evidente que permanecer indiferente à verdade religiosa não será melhor para a *comunidade* do que para o *indivíduo*. Do mesmo modo que Jesus Cristo e Sua noiva, a Igreja, devem estar bem no centro dos nossos corações, eles também devem estar bem no centro da sociedade. O bem comum, tanto em relação aos deveres terrenos quando à nossa destinação celestial, assim o exige.

Essa afirmação não implica somente a nossa elite secular moderna; ela também coloca a sabedoria dos Fundadores da América em questão. Os partidaristas podem discutir eternamente se «os Fundadores» tendiam mais para o ateísmo iluminista do que para o cristianismo devoto — a verdade está certamente entre uma coisa e outra —, mas todos sabem que eles não tinham a intenção de dar à Igreja Católica um lugar privilegiado em seu novo país. Com efeito, o fato de a Igreja afirmar-se como *a* portadora da verdade e a guardiã dos sacramentos era considerado uma ameaça ao seu projeto político *justamente porque* essas afirmações implicam uma função central para a Igreja nas questões cívicas.

Por isso, o sentimento anticatólico tem uma longa história na sociedade americana, perdendo força com a eleição de John F. Kennedy em 1960. Embora esse preconceito tenha sido muitas vezes exacerbado pelos bichos-papões da imaginação protestante que nada tinham a ver com o catolicismo factual, não sejamos ingênuos: havia naquilo um elemento de verdade. O papel que a Igreja se atribui e deve continuar a atribuir-se está em grande tensão com os ideais protestante-iluministas da fundação dos Estados Unidos e de sua história subsequente.

O Romanismo é um Monstro, com braços de poder e força satânicos, que alcança até os confins do mundo. O braço da superstição esmaga a criança americana, o da subversão esmaga a bandeira americana, o do preconceito esmaga a escola pública americana, o da ignorância esmaga a lei da terra, o da ganância assalta o erário público, o da tirania destrói a liberdade de consciência, liberdade de expressão, liberdade de imprensa, em todo o mundo – *per totam orbem terrarum.*

A REDENÇÃO DO MATRIMÔNIO PELO SACRAMENTO

Embora muito dessa legenda não faça nenhum sentido, atentemos rapidamente para a «subversão». No desenho, ela representa o tentáculo mais frontal e central do polvo, e agarra uma bandeira americana quebrando o mastro ao meio. Isso quer dizer que os católicos têm uma lealdade temporal mais elevada do que a sua lealdade aos Estados Unidos — uma lealdade para com a Igreja. Pois bem, é verdade! Isso não quer dizer que não possamos amar e respeitar também o nosso país — na verdade, devemos fazê-lo ao máximo de nossas possibilidades. Mas devemos nos lembrar de que somos sempre, em virtude da nossa fé em Jesus Cristo, «estrangeiros em terra estranha», como diz o Arcebispo Charles Chaput, da Filadélfia, no título de seu livro[3].

Se é inaceitável que nós, católicos, nos atenhamos mais à nossa Igreja do que à nossa nação, isso é problema de nossa sociedade, e não de nossa fé. Se é impensável que a Igreja ocupe lugar privilegiado na sociedade civil, isso é problema do modo como a nossa nação se autodefine, e não da autodefinição da Igreja.

***

No capítulo 9, disse que levar a sério a vontade de Deus exige uma «praticidade mais plena» — que leve em consideração tanto as verdades sobrenaturais quanto as preocupações mundanas. Mais uma vez, o que se aplica aos indivíduos aplica-se também às comunidades. Uma política prática não é uma política que ignore a Deus; pelo contrário, levar a política a sério exige que Deus, Sua Igreja e Sua graça sejam levados a sério.

É uma presunção progressista comum a de que, se tivéssemos mais informação — mais dados, mais estudos, mais

---

3   Ver Charles Chaput, *Strangers in a Strange Land: Living the Catholic Faith in a Post-Christian World*, Henry Holt, Nova York, 2017.

ciências —, teríamos uma política mais racional. Os dados que faltam à nossa política não provêm necessariamente da ordem da natureza, mas da ordem da graça. Uma sociedade que reconheça a verdade da dignidade humana e o bem comum é impossível sem a integração da ordem da graça na política.

Como funciona, então, essa graça de que venho falando? Como a graça auxilia a nossa santificação, e como nos permite construir uma sociedade mais perfeita? Investiguemos, agora, como a graça aperfeiçoa a natureza.

CAPÍTULO 12

A GRAÇA APERFEIÇOA
A NATUREZA

Recentemente, um jovem amigo contou-me uma experiência que sua esposa tivera na Missa. Seus dois filhos pequenos tinham ido visitar a família e eles foram à igreja sozinhos.

Era aquele tipo de liturgia reverente que nos faz desejar que todas as Missas fossem celebradas assim. Depois da Sagrada Comunhão, conforme o casal se ajoelhava para rezar, meu amigo ouviu a esposa soluçar baixo. Sabendo que ela estivera física e emocionalmente esgotada com seus filhinhos sapecas e sua terceira gravidez, perguntou-lhe qual era o problema. Mas a resposta não foi nem de longe a que ele esperava: ela havia experimentado uma sensação irresistível de paz — o que só se podia explicar como a graça divina — depois de aceitar e consumir o Corpo de Cristo.

A realidade da graça, é claro, não depende de uma experiência intensa como essa. A maior parte dos sacramentos parece perfeitamente mundana mesmo sendo, na verdade, dons espirituais incrivelmente poderosos. O que exemplos como esse nos oferecem, porém, são minúsculas amostras

do que sentiremos se partilharmos da vida de Deus completamente no céu. Se um momento passageiro aqui na terra
pode criar uma lembrança para toda a vida, imagine como
será belo experimentar aquela vida e amor divino na plenitude da eternidade.

Aprofundemo-nos um pouco mais na definição da graça
e em como ela opera nas vidas dos filhos adotivos de Deus.

***

É impossível descrever a graça em todos os seus aspectos;
nada que seja totalmente divino pode ser explicado dentro
das limitações impostas pela linguagem humana. Sempre que
tentamos exprimir qualquer dado da vida e natureza de Deus
em palavras, já estamos limitando Aquele que é ilimitado.

A graça é isto: «participação na vida de Deus». As seções
do Catecismo da Igreja Católica sobre a graça, a que me
referirei ao longo deste capítulo, são particularmente belas.
A graça «introduz-nos na intimidade da vida trinitária…
como "filho adotivo", [o batizado] pode doravante chamar
"Pai" a Deus, em união como seu Filho Unigênito; e recebe a
vida do Espírito, que lhe infunde a caridade e forma a Igreja»
(CIC, 1997). A graça faz de nós uma família.

São Tomás de Aquino ensinava que só conseguimos nos
aproximar de uma compreensão da natureza de Deus por
analogia. Deus é grande demais, caridoso demais, perfeito
demais, *tudo* demais para o nosso parco intelecto. Por isso, a
nossa discussão sobre a graça se baseará em ações e categorias
humanas que nos permitirão pensar sobre Deus fazendo referência a conceitos familiares. Mas devemos sempre lembrar:
só podemos entender muito superficialmente o que é a graça
e como ela age em nossas vidas (CIC, 40-43).

(Eis aqui a beleza da coisa: pela graça conseguimos alcançar
compreensões além de qualquer coisa que poderíamos sonhar.

A GRAÇA APERFEIÇOA A NATUREZA

Isso é o céu — um compartilhamento completo da vida de Deus, incluindo o Seu conhecimento. E às vezes, com aquilo a que chamamos «graças atuais», Deus intervém em nossas vidas e revela-nos verdades de um modo especial [CIC, 2000].)

Os modos de funcionamento da graça em nossas vidas não podem ser contados. Com efeito, devemos as nossas próprias vidas — a consciência com que podemos ler livros como este, elevar nossos corações ao alto e contemplar a divindade — à graça de Deus. Podemos usar três verbos para tentar compreender a graça e como ela opera: a graça cura; a graça aperfeiçoa; a graça eleva.

***

A graça cura os efeitos do pecado. O pecado fere a alma como um corte fere o corpo. A verdadeira perversidade do pecado é o fato de nós o *escolhermos*; nós infligimos o dano a nossas próprias almas em busca de algum bem maior — normalmente o prazer, o poder ou alguma outra sensação. Mas a graça de Cristo é «infundida pelo Espírito Santo em nossa alma para a curar do pecado e a santificar» (CIC, 1999).

Os nossos corpos curam-se a si mesmos, embora às vezes possamos acelerar o processo. É assim que a cura funciona na ordem da natureza: nossos corpos cuidam de si próprios e nós cuidamos uns dos outros. Isso não quer dizer que não haja um componente espiritual na cura física; como seres integralmente espirituais e físicos, não podemos separar as duas coisas — e Deus pode fazer milagres seja no campo físico, seja no espiritual, de acordo com o Seu beneplácito.

No entanto, existe uma distinção necessária entre a cura do corpo e a cura da alma. Como existimos no espaço e no tempo, tomamos a precedência na cura física (embora, repito, nada esteja além da jurisdição de Deus), ao passo que a cura espiritual só pode ser efetuada por Deus.

Podemos *participar* dessa cura pela *cooperação* com a Sua graça, mas não conseguimos enfaixar o pecado como um corte de papel.

A fonte mais óbvia dessa graça curativa está nos sacramentos, começando pelo Batismo. Desde a Queda, todas as pessoas (exceto a Santa Mãe) partilharam do primeiro pecado de orgulho e desobediência cometido por Adão e Eva; é isso que chamamos de pecado original. Como é belo que, em todo batismo ocorrido ao longo de dois mil anos, Deus curou essa ferida herdada. Pela graça do sacramento, ele não só perdoou, mas apagou a traição profundamente pessoal das Suas primeiras crias humanas mais de um bilhão de vezes.

O pecado nos desorienta; isto é, nos desvia de nossa orientação própria a Deus. Os nossos erros, então, reforçam uns aos outros, fazendo com que a redescoberta da via justa seja cada vez mais difícil. O Batismo, porém, inicia-nos nesse caminho estreito e limitado. Então, uma vez que desenvolvemos a capacidade de escolher voluntariamente ir de encontro ao bem, nós o fazemos, perdendo assim a nossa orientação. A graça de Deus — especialmente nos sacramentos da Eucaristia e da Confissão — nos recoloca constantemente no caminho certo. A graça cura não só a ferida espiritual, como também a confusão que obscurece a nossa razão e contemplação.

Essas ações da graça, no entanto, sempre exigem a nossa cooperação. Deus não força ninguém; afinal, nosso livre-arbítrio é parte de nossa participação em Sua natureza, na *imago Dei*: «A livre iniciativa de Deus reclama a *resposta livre do homem,* porque Deus criou o homem à sua imagem, conferindo-lhe, com a liberdade, o poder de O conhecer e de O amar» (cic, 2002; grifo meu). Depende de nós aproximarmo-nos da Eucaristia com a alma em ordem; depende de nós entrar no confessionário com um espírito de contrição verdadeira; depende de nós aceitar o convite do Senhor a retornarmos para Ele.

A GRAÇA APERFEIÇOA A NATUREZA

***

A graça aperfeiçoa a natureza humana. A cura efetuada pela graça de Cristo faz com que possamos nos tornar as pessoas — os seres — que Deus nos fez para ser. Ele não nos fez para o orgulho, ganância e luxúria; mas para a perfeição, e uma perfeição verdadeira só pode ser encontrada nEle. Ele nos fez para Si não num sentido de posse, mas no sentido de amor familiar — um espírito de adoção possibilitado pelo dom de Sua vida, que é a graça.

Porém, parte de ser feito à imagem de Deus é o livre-arbítrio; nós recebemos a *possibilidade*, mas não a *garantia* da perfeição. Isso não é um tipo de sadismo perverso, com que Deus nos assistiria satisfeito enquanto nos debatemos inermes. Muito pelo contrário: o nosso livre-arbítrio faz de nós Suas criaturas mais amadas, porque nossa aceitação dEle é escolhida livremente e contínua. Ademais, a fraqueza da nossa vontade demonstra a perfeição de Sua força à medida que Ele cura e aperfeiçoa a nossa vontade inconstante.

A purificação da nossa vontade — isto é, conformar a nossa vontade à do Senhor — é, portanto, uma parceria. Como é belo que um Senhor Todo-poderoso se digne a fazer-se copiloto para nós, enquanto tentamos conduzir as nossas vidas em direção a Ele! Nosso esforço e a Sua graça trabalham juntos; ambos os aspectos são essenciais. Mas Deus é sempre o primeiro motor:

> A *preparação do homem* para acolher a graça é já obra da graça... Deus acaba em nós o que começou, «porque é Ele próprio que começa, fazendo com que queiramos, e é Ele que acaba, cooperando com aqueles que assim querem» [Santo Agostinho, *De gratia et libero arbitrio*, 17:PL 44,901]. (CIC, 2001)

Em outras palavras, Deus não só nos leva à perfeição; Ele também desperta em nós o desejo por essa perfeição.

A perfeição de nossa natureza não se encontra em nos tornarmos totalmente independentes, mas em conformarmos a nossa vontade à do Senhor. Essa tarefa só é alcançável com o auxílio gratuito de Deus, ao qual chamamos graça.

***

A graça nos eleva, de modo que nos tornamos «participantes da natureza divina» (2 Pe 1, 4). O favor de Deus não só nos permite tornar os melhores seres humanos que podemos ser; ele nos eleva ao Seu nível. Podemos até chegar a dizer que a graça nos *deifica*: «A graça de Cristo é dom gratuito que Deus nos faz da sua vida... É a *graça santificante* ou *deificante*» (CIC, 1999; grifo meu). A graça, surpreendentemente, permite que nos tornemos como Deus.

Concentremo-nos por um momento na palavra «gratuito». Jamais mereceremos a elevação que a graça opera em nós; isto é, não existe um conjunto de ações que possamos executar ou de doutrinas em que possamos acreditar que *obtenham* para nós a participação na natureza divina. A virtude e a crença correta são essenciais à aceitação e cooperação com a graça, mas a graça é sempre um dom e nunca uma compensação por serviços prestados. Deus está num plano tão diferente do nosso em termos de poder e perfeição que jamais poderemos fazer algo para *obter* o Seu favor.

E, no entanto, Deus pode nos elevar a esse plano de perfeição, como diz o Catecismo:

> [A graça] realiza a *adoção filial*, porque os homens tornam-se irmãos de Cristo, como o próprio Jesus chama aos discípulos depois da ressurreição: «Ide anunciar aos meus irmãos» (Mt 28, 10). Irmãos, não por natureza, mas por dom da graça, porque

A GRAÇA APERFEIÇOA A NATUREZA

> esta filiação adotiva proporciona uma participação real na vida do Filho, plenamente revelada na sua ressurreição. (CIC, 654)

A graça possibilita aquilo que é impossível por nossos próprios esforços. Não podemos atravessar por nós mesmos o abismo metafísico entre nós e Deus, mas Ele pode trazer-nos a Si.

Analisemos agora o modo como essas ações da graça — a cura, a perfeição e a elevação — funcionam em nossas vidas como indivíduos, famílias e comunidades.

***

Ao longo deste livro tenho defendido que as responsabilidades do casamento são impossíveis de cumprir sem a graça do sacramento do Matrimônio. Mas como essa graça funciona de fato? A graça, como veremos, torna a intensa e inédita intimidade do casamento possível, duradoura e frutífera.

Normalmente associamos a palavra «íntimo» somente à sexualidade e nudez (aqui podemos pensar na seção «íntima» de uma loja de departamentos). Essa associação realça algumas conotações importantes — vulnerabilidade e paixão vêm à mente —, mas a intimidade física é apenas parte da história. A união de marido e mulher em «uma só carne» refere-se a mais do que o mero sexo; significa que os cônjuges compartilham suas mentes e almas — suas emoções, intelectos, espiritualidades — um com o outro.

Mas sejamos realistas: conviver é difícil. Hábitos e preferências se confrontam; tendências escondidas e pequenos pecados revelam-se; vícios se amplificam sob o olhar constante de outra pessoa. Sou um assíduo enrolador de tubo de pasta de dente; Kimberly, não. Você pode imaginar as tensões que isso causa.

Esse tipo de comunhão completa entre pessoas faz parte do cumprimento da nossa natureza como seres relacionais, mas requer um tipo de abnegação e autodoação contra o qual nossa natureza decaída se rebela violentamente. É aqui que as três ações da graça intervêm em nosso favor.

O poder curativo da graça restaura às nossas almas a autonegação necessária para viver a vocação do casamento. O pecado, como já disse neste capítulo, se mistura. Acostumamo-nos a ele, e logo cada vez mais as nossas vidas vão-se organizando em torno do nosso modo (errado) de fazer as coisas, em vez do modo de Deus — e frequentemente nem nos damos conta disso. É exatamente esse tipo de egocentrismo que pouco a pouco corrói um casamento. A graça cura esses efeitos do pecado, abrindo os nossos olhos seja para a bondade da vontade de Deus, seja para a difícil verdade dos nossos desejos desordenados.

O poder aperfeiçoador da graça coloca a nossa vontade de acordo não somente com a vontade de Deus, mas com a nossa natureza relacional. O sacramento do Matrimônio não é um derramamento único de graça sobre o casal, mas um fluxo contínuo de graça pelo tempo que as duas partes do casamento permanecerem na amizade de Deus. Se a graça marital fosse um prêmio de loteria, seria uma anuidade, e não uma soma paga de uma só vez. Eis o que diz o Catecismo sobre essa graça:

> Esta graça própria do sacramento do Matrimônio destina-se a aperfeiçoar o amor dos cônjuges e a fortalecer a sua unidade indissolúvel...
>
> [Cristo] fica com eles, dá-lhes a coragem de O seguirem tomando sobre si a sua cruz, de se levantarem depois das quedas, de se perdoarem mutuamente, de levarem o fardo um do outro, de serem «submissos um ao outro no temor de Cristo» (Ef 5, 21) e de se amarem com um amor sobrenatural, delicado e fecundo. (CIC, 1641-1642)

A GRAÇA APERFEIÇOA A NATUREZA

O casamento alimenta a nossa natureza de seres relacionais, mas primeiro Deus precisa estabelecer as fundações do desejo por essa realização. Ele, então, guia a nossa vontade para Si, trazendo-nos para fora de nós mesmos e para dentro da comunhão com Ele e outras pessoas — especialmente as mais próximas de nós. Desse modo, Ele não só nos torna uma versão mais perfeita de nós, como permite-nos espelhar mais perfeitamente a Sua identidade relacional e trinitária pelo casamento.

O poder da graça eleva os nossos casamentos a exemplos vivos da Santíssima Trindade. O Deus uno e trino é tanto um como três — unidade e comunidade —, e por isso nos tornamos mais como Ele quando entramos em comunhão com os outros. Não somos apenas elevados à divindade como indivíduos; nossos casamentos são elevados como imagens perfeitas de unidade-em-comunidade. O milagre belo e reluzente que a graça efetua em nós é este: ficamos mais repletos de nós *ao mesmo tempo* em que entregamos mais de nós a essa comunhão. Nós o fazemos, é claro, pelo amor altruísta que reflete e é iniciado pelo amor eterno entre o Pai, o Filho e o Espírito Santo. Essa verdade trinitária quer dizer que a deificação é *tanto* individual *como* coletiva.

***

Por outro lado, o pecado rompe os laços de comunidade — a comunhão — que estabelecemos com Deus e uns com os outros, e volta-nos para dentro de nós mesmos. Talvez a imagem mais evocativa dessa desintegração de laços possa ser encontrada nos Atos dos Apóstolos: enquanto os onze rezavam sobre qual discípulo deveria tomar o lugar de Judas, diziam que o traidor «se desviara» do seu apostolado «para ir para o seu próprio lugar» (At 1, 25). O pecado nos isola; o que poderia ser mais solitário que o suicídio de Judas?

Ao curarmos nossas feridas espirituais, aperfeiçoarmos nossa natureza e elevar-nos ao nível de Deus, a graça *torna possível a comunidade*. Sob o domínio do pecado, vamos todos para o nosso próprio lugar — um lugar com nossa moralidade própria, nossa filosofia própria, nossa verdade própria. Somos reis, mas, como o rei do asteroide vazio de *O pequeno príncipe*, de Antoine de Saint-Exupéry, não temos súditos. É uma solidão inexprimível.

O pecado isola; a graça integra. Apenas a graça pode sustentar a comunhão que torna o casamento possível. Portanto, só a graça pode sustentar a comunhão — e principalmente o desejo contínuo pelo bem comum — que torna a sociedade possível, e assim qualquer sociedade duradoura deverá unir-se à fonte da graça, Jesus Cristo. *Totus Christus* — «Cristo Inteiro» — seria um mote aspiracional apropriado a uma visão social católica em famílias, em comunidades e, se Deus quiser, em sociedades inteiras. É pela Igreja que podemos alcançar a comunhão total — com Cristo, com os santos e uns com os outros.

CAPÍTULO 13

A POSIÇÃO ÚNICA DA IGREJA

A nossa cultura secular liberal tem dificuldade para entender qualquer coisa que seja objetiva, duradoura e transcendente. Para nós, só as experiências subjetivas fazem sentido e só bens de consumo têm valor. Mas a fé católica não é uma escolha de estilo de vida, e a Igreja não é uma marca de mercado. O que os bons liberais secularistas poderiam pensar do catolicismo?

Se formos sinceros, eles *deveriam* achá-lo pelo menos um pouco ameaçador. A Igreja Católica erra ao jogar por suas regras: ela afirma ser portadora da verdade quando a verdade se tornou antiquada. Ela afirma ter uma autoridade temporal quando as instituições religiosas foram postas de lado, no seu canto «espiritual». Ela afirma conceder valor quando só o mercado se crê capaz de atribuir valor. Ela afirma, enfim, que os seres humanos têm dignidade quando a dignidade vem sendo cada vez mais atrelada à utilidade. Ao fazer essas coisas, ela oferece a única alternativa substancial, abrangente e humana ao regime secular e liberal que sugou a transcendência para fora da nossa civilização.

Infelizmente, estivemos a maior parte do século passado tentando reafirmar aquilo que torna os católicos e o catoli-

155

liberais secularistas em vez de acentuar
cismo aceita...de. Seja pelo equívoco em relação a temas
...o casamento, seja pelo silenciamento da
...ica em relação aos direitos dos trabalhadores
..., a tendência mais comum tem sido a de com-
...a nossa essência para podermos cooperar com os
...estabelecidos. No fim, é claro, acabamos cooptados,
...ndo a identidade católica e obtendo pouca influência.
...or tudo isso, acabamos tratando a nós mesmos exatamente
...omo o liberalismo secular quer nos tratar — como mais um
grupo de interesse entre tantos outros, trabalhando por uma
posição vantajosa na pista escorregadia da política de acordos.
Logo esquecemos que a Igreja tem algo único a oferecer, que
não depende de o nosso grupo político haver alcançado um
poder passageiro ou não. Deixamos a liturgia, a graça e os
sacramentos de lado como meras preocupações religiosas;
podemos oferecer uma Missa por uma intenção política mas
não conseguimos ver que a Missa, por sua própria natureza —
o céu na terra! — tem implicações políticas. É uma Síndrome
de Estocolmo cultural e política: começamos a nos identificar
e a agir como os nossos sequestradores seculares.

Lembremos do que eu disse lá no capítulo 7: a palavra
«católico» não é um nome de marca para nossa igreja, mas
uma descrição da sua universalidade. Podemos enxergar
a natureza universal da Igreja de várias maneiras. Primeiramente, é claro, o Corpo de Cristo chama todos os seres
humanos ao abraço divino sem preconceitos ou preferências.
Mas essa universalidade também significa que a Igreja não
é só «religiosa»: o seu ensinamento e autoridade envolve
todos os aspectos da experiência humana — social, cultural,
econômica, política, e assim por diante. É exatamente essa
catolicidade que pode indicar um caminho adiante para uma
civilização que se desintegra.

A POSIÇÃO ÚNICA DA IGREJA

***

Eu poderia descrever o horror do aborto de muitas formas. Acima de tudo, é o assassinato intencional de uma pessoa. Mas trata-se de um tipo muito específico de assassinato — um que rasga o tecido da sociedade de maneiras destrutivas. O aborto foi (lucrativamente, deve-se dizer) institucionalizado por interesses multibilionários, tais como os do Planned Parenthood, e é defendido por constituições em todo o Ocidente — em nenhum lugar mais do que nos Estados Unidos. Ele atinge o coração da solidariedade, componente central da doutrina social católica.

O aborto institucionalizado rompe a fonte mais fundamental da solidariedade: o laço entre pais e filhos. A retórica politicamente conveniente condensada no termo «pró-escolha» deixa isso ainda mais claro do que o mais exato «pró-aborto», já que ela reduz a uma escolha aquele dever essencial entre pais e filhos. Se até esta responsabilidade — de nutrir as crianças indefesas sob o nosso cuidado — depende da nossa vontade, que deveres sociais poderiam ainda ter alguma força moral?

Se nós, como pais ou como sociedade, não temos nenhum dever para com os não nascidos, em que poderemos basear nossos deveres para com os trabalhadores, ou imigrantes, ou minorias oprimidas, ou desempregados, ou idosos, ou deficientes — todas aquelas pessoas às margens da sociedade, de quem os papas falaram de maneira tão expressiva? O aborto, então, é tanto sintoma como causa de uma sociedade faminta por solidariedade.

Poderia dizer o mesmo sobre o divórcio sem culpa. Os laços sociais não só derivam a sua forma da hermenêutica universal da família, como também a família é o lugar em que as pessoas começam a aprender a desempenhar os deveres recíprocos da solidariedade. Considerados em conjunto, o divórcio institucionalizado e o aborto rompem os laços conjugais e paternais, removendo com isso a própria fundação da solidariedade sobre a qual se constrói a estabilidade social. Não pode haver solidariedade onde os deveres recíprocos da família são opcionais. Como os jovens aprenderão o que significa viver em solidariedade com seus próximos quando não há solidariedade em suas próprias famílias?

Deveríamos nos impressionar, então, com a insegurança política e econômica deste momento da história? Deveríamos nos impressionar com a desconfiança de todas as instituições da nossa vida comum — legislaturas, burocracias, corporações etc.? Como se pode esperar que confiemos em autoridades distantes quando tanta gente mal consegue confiar em suas próprias famílias ou vizinhos? E como se pode esperar que essas autoridades exerçam o poder com magnanimidade se esvaziamos o conceito tradicional de deveres sociais — especialmente os deveres para com os fracos e marginalizados?

Assistimos a um crescimento incrível em termos de prosperidade e progresso tecnológico ao longo destas últimas gerações. No entanto, o tecido social está se desfazendo. Parece que as pessoas — mesmo aquelas que têm recursos para adquirir mais do que jamais precisariam — sentem-se mais desconfortáveis e inseguras do que nunca. E eis a observação mais sinistra de todas: sob o secularismo, não há soluções no horizonte.

***

O secularismo não pode oferecer uma base para a solidariedade. É claro que os liberais falam muito em humanitarismo e da irmandade dos seres humanos, mas, se você vasculhar essas bobagens secularistas um pouco mais a fundo, não encontrará nada além do vazio. Eles não conseguem explicar o caráter único dos seres humanos; não sabem definir o valor e dignidade intrínsecos de cada pessoa; não podem estabelecer

A POSIÇÃO ÚNICA DA IGREJA

nenhum tipo de propósito ou *telos* (do grego, «fim») para a existência humana.

Assim, os liberais secularistas não conseguem justificar a solidariedade a não ser em termos de interesses compartilhados por indivíduos autônomos. Isso toma diversas formas, e nenhuma delas é satisfatória. Naquilo que se costuma chamar «neoliberalismo», diz-se que o capitalismo global pode unir todas as pessoas do mundo num interesse compartilhado pela prosperidade. Mas o resultado foi a imposição aos mais fracos, da parte dos poderosos, não só de trabalhos arriscados por salários baixos, mas de «valores liberais», como o aborto e a liberade sexual — tudo em nome da construção de um «mercado global». Isso se assemelha mais ao colonialismo que à solidariedade.

E isso não ocorre apenas *inter*-nacionalmente, mas também *intra*-nacionalmente. Em vizinhanças locais e em regiões inteiras por todos os Estados Unidos, as oportunidades econômicas se esgotaram ao passo que valores «progressistas» anti-família se foram arraigando. A discussão sobre o que seria mais importante para a revitalização — oportunidades econômicas ou uma cultura familiar — é uma questão perene e de causa e efeito, mas digamos simplesmente o seguinte: é óbvio que as duas coisas caminham de mãos dadas.

Diante da própria exclusão da falsa solidariedade do neoliberalismo, muitos naturalmente começam a olhar para outras possibilidades. Assim, estamos vendo, em todo o mundo ocidental, uma ressurgência da política de identidade étnica e nacional. Na esquerda, isso normalmente assume a forma de uma reafirmação identitária de grupos que foram (ou afirmam ter sido) historicamente marginalizados. Na direita, assume a forma da reafirmação identitária de grupos historicamente dominantes. Em todo caso, a política identitária é uma falsificação da verdadeira solidariedade.

O secularismo nos proíbe de fazer a afirmação verdadeiramente católica de que todos os crentes são irmãos e irmãs em Cristo e todos os seres humanos partilham da *imago Dei*. Sem o conceito de uma divindade indivisível, de cuja vida partilhamos pela graça, não podemos compreender, muito menos viver, a verdadeira solidariedade.

***

O que é, então, a verdadeira solidariedade, conforme a Igreja a entende? São João Paulo II definiu o conceito da seguinte forma em sua encíclica de 1987 intitulada *Sollicitudo rei socialis*:

> Trata-se antes de tudo da interdependência apreendida como sistema *determinante* de relações no mundo contemporâneo, com as suas componentes — econômica, cultural, política e religiosa — e assumida como *categoria moral*. Quando a interdependência é reconhecida assim, a resposta correlativa, como atitude moral e social e como «virtude», é a *solidariedade*. Esta, portanto, não é um sentimento de compaixão vaga ou de enternecimento superficial pelos males sofridos por tantas pessoas próximas ou distantes. Pelo contrário, é a *determinação firme e perseverante* de se empenhar pelo *bem comum*; ou seja, pelo bem de todos e de cada um, porque *todos* nós somos verdadeiramente responsáveis *por todos*[1].

A solidariedade é a essência do bem comum. Uma sociedade que fracassa na solidariedade também fracassa na busca do bem comum, a sua função mais básica.

São João Paulo II procede à identificação de suas ameaças específicas à solidariedade e ao desenvolvimento de sociedades saudáveis e bem integradas: o «deseja pelo lucro» e a «sede de poder». Essas preocupações egoístas são *des*-integrantes: elas separam a sociedade entre poderosos e vulneráveis,

---

1   Papa João Paulo II, Carta encíclica *Sollicitudo rei socialis*, 30 de dezembro de 1987, n. 38.

A POSIÇÃO ÚNICA DA IGREJA

úteis e inúteis. Escritas em 1987, essas palavras foram uma repreensão tanto ao capitalismo a oeste da Cortina de Ferro como do comunismo a leste da mesma.

Lucro e poder são dois termos que designam a mesma coisa: a *libido dominandi* — um termo cunhado por Santo Agostinho que significa «a paixão pelo domínio». É a manifestação social do pecado original de Adão e Eva, o desejo de ser como Deus. A *libido dominandi* nos acompanha desde a Queda e corrói toda relação interpessoal, do casamento a toda a comunidade política. Como podemos construir uma sociedade nessas condições? São João Paulo II explica-o:

> Estas atitudes e estas «estruturas de pecado» só poderão ser vencidas — pressupondo o auxílio da graça divina — com uma *atitude diametralmente oposta*: a aplicação em prol do bem do próximo, com a disponibilidade, em sentido evangélico, para «perder-se» em benefício do próximo em vez de o explorar, e para «servi-lo» em vez de o oprimir para proveito próprio[2].

A solidariedade demanda um compromisso radical com o bem do próximo acima dos nossos interesses próprios. Mas veja a breve observação na carta de João Paulo: «pressupondo o auxílio da graça divina».

Assim como a graça do sacramento do Matrimônio é essencial ao casamento, também a graça da Igreja é essencial à solidariedade e, portanto, a uma sociedade sustentável que busque o bem comum. A Igreja Católica é a única resposta à nossa crise atual.

***

O mundo ocidental passou grande parte dos últimos séculos tentando encontrar ou formar um substituto para a

---

2   *Ibidem.*

catolicidade unificadora da Igreja Católica. Mas esse projeto sempre esteve fadado ao fracasso. Nenhuma ideia ou instituição humana pode substituir a solidariedade sacramental da Igreja.

Isso não quer dizer que uma sociedade que rejeite a autoridade da Igreja não possa existir, e até por muito tempo. Os Estados Unidos foram fundados numa negação explícita de toda a autoridade religiosa, em particular no que diz respeito a questões públicas; estamos no páreo há duzentos e cinquenta anos — e continuamos em pé! Entretanto, a lista dos pecados contra a solidariedade que cometemos durante esse tempo — incluindo o «pecado original» americano da escravidão e uma história geralmente negativa em relação a minorias raciais e étnicas, dos indígenas americanos aos trabalhadores de ferrovias chineses — é longa e condenatória. Certamente toda nação, bem como toda pessoa, tem seus pecados; é importante, porém, enxergá-los de maneira objetiva.

Toda ordem política deteriora-se sob a influência do pecado. Como lemos em Hebreus, «não temos aqui cidade permanente, mas vamos em busca da futura» (Hb 13, 14). Não existe sistema perfeito. Mesmo uma ordem política fundada e sustentada pela Igreja não pode durar para sempre; enquanto a noiva de Cristo é, de fato, habitada pelo Espírito Santo, ela é conduzida por homens pecadores. E, ainda assim, não devemos cair no desespero de aceitar compromissos inaceitáveis em nome de um «pragmatismo político». Não existe «bem maior» — seja a prosperidade, a ordem ou a estabilidade — que justifique agir contra um preceito de Jesus Cristo e de Sua Igreja. Nunca *temos* de consentir com o pecado. E temos um dever para com nossos irmãos e irmãs de criar uma ordem tão estável e sustentável quando seres humanos imperfeitos possam organizar.

Conforme a presente época do liberalismo secular arrasta-se, titubeante, recebemos uma oportunidade histórica de

A POSIÇÃO ÚNICA DA IGREJA

redescobrir e reanimar a verdade sobre Cristo e a sociedade. A Igreja é mais que mero alívio para a alienação e ruína causadas pela política moderna. É até mais que a instituição ou princípio organizador central de uma boa sociedade. Sob a autoridade de Jesus Cristo e pelo poder do Espírito Santo, constituído pelos membros do Corpo de Cristo na terra e no céu, a Igreja é a sociedade perfeita.

Nosso dever, portanto, como família universal de Deus, é promover a liberdade da Igreja Católica para cumprir a sua missão plenamente católica em todas as áreas da vida.

***

A leitura dessas palavras deve causar estranheza — e talvez um pouco de medo. Elas não só desafiam o secularismo; desafiam também os fundamentos clássicos da democracia liberal e muito do Ocidente pós-moderno. Mas isso não nos deveria impedir de nos expressar em nome dessa verdade sobre Cristo e a Igreja. De fato, é justamente o radicalismo dessa afirmação que a tornará atrativa para mais pessoas do que podemos imaginar.

As perguntas que nos devemos fazer são estas: Nós realmente acreditamos que os seres humanos têm um desejo natural pela verdade e que a Igreja Católica e seu Magistério, sob a direção do Espírito Santo, preservam a verdade? Acreditamos mesmo que o liberalismo secular não pode satisfazer as necessidades mais profundas do ser humano?

Se respondermos «sim» a essas questões, devemos proceder com confiança à afirmação não só de que a Igreja deveria influenciar a política, mas de que a política simplesmente é a comunidade que vive por e em Cristo. Se acreditamos verdadeiramente no que dizemos sobre a incoerência e desumanidade do liberalismo secular, então é claro que não deveríamos nos preocupar em acomodar a doutrina e autoridade da Igreja ao *status quo*. Em vez disso, deveríamos tentar preencher o vazio deixado pelo secularismo estéril nos corações de cada pessoa.

Em todo o mundo ocidental as pessoas estão procurando algo em que acreditar — algo dotado de substância e rigor. O cosmopolitismo da nossa elite só funciona para a elite — os que têm poder e privilégio para acessar os benefícios do ápice da hierarquia social. (Mas mesmo ali, certamente, imperam o desconforto e o vazio.) Alguns se aferraram a identidades nacionais e étnicas como fontes de significado universal. Outros encontraram uma comunidade e estrutura em seitas alternativas, porém crescentes, como a cientologia e o neopaganismo. Outros, ainda, encontraram no Islã político um sentimento de certeza e segurança que lhes escapava no Ocidente sempre cético e desprovido de compromisso. (Um número significativo de recrutas do Estado Islâmico eram jovens europeus.)

Não devemos, portanto, seguir o rastro da moribunda ordem liberal. Se alguma vez houve um tempo em que a acomodação ao liberalismo secularista teria apresentado benefícios — e provavelmente nunca houve —, esse tempo já passou há muito. O secularismo, liberalismo, relativismo, pós-modernismo e todos os outros «ismos» desumanos da nossa era deixaram uma civilização inteira perdida e confusa. Agora é hora de enunciar a verdade católica com ousadia e sem rodeios. É o que o povo quer e, mais importante, é disso que precisam.

A Igreja Católica tem uma vantagem em relação a todas as outras ideologias e facções que brigam para preencher o vácuo atual: ela tem *mesmo* a verdade. Mas fica ainda melhor. «A Verdade» é mais que uma abstração: a Igreja oferece a oportunidade de um relacionamento com a Pessoa que é «o caminho, a verdade e a vida» (Jo 14, 6).

A POSIÇÃO ÚNICA DA IGREJA

Lembremos as palavras de Jesus no Sermão da Montanha:

> Vós sois a luz do mundo. Não se pode esconder uma cidade situada sobre uma montanha nem se acende uma luz para colocá-la debaixo do alqueire, mas sim para colocá-la sobre o candeeiro, a fim de que brilhe a todos os que estão em casa. Assim, brilhe vossa luz diante dos homens, para que vejam as vossas boas obras e glorifiquem vosso Pai que está nos céus. (Mt 5, 14-16)

A fé é a luz que temos a oferecer ao mundo, e Jesus é a própria luz. Não o escondamos debaixo do alqueire da vergonha pelo caráter radical de Sua mensagem. Ele pode verter luz sobre a nossa civilização, assim como o fez por uma Roma moribunda e decadente. Mas temos de fazer a nossa parte para disseminar essa luz.

***

Em nenhum lugar a singularidade do que Cristo e Sua Igreja têm a oferecer ao mundo faz-se mais clara do que nos Sacramentos — aqueles momentos em que a ordem da natureza e da graça se encontram. A humanidade profunda do ritual e do simbolismo unem-se à espantosa divindade do Espírito Santo para fazer dos sacramentos as experiências mais perfeitas que podemos ter nesta vida.

Jesus Cristo é o que a Igreja tem a oferecer à nossa sociedade, e nos sacramentos a Sua vida irrompe em nosso mundo de um modo perfeitamente adaptado à nossa natureza corpórea. Os sacramentos, portanto, são a característica central da vida cristã, dado que os nossos corpos ocupam o espaço e o tempo. É assim que, através dos sacramentos, a Igreja constitui a sociedade política.

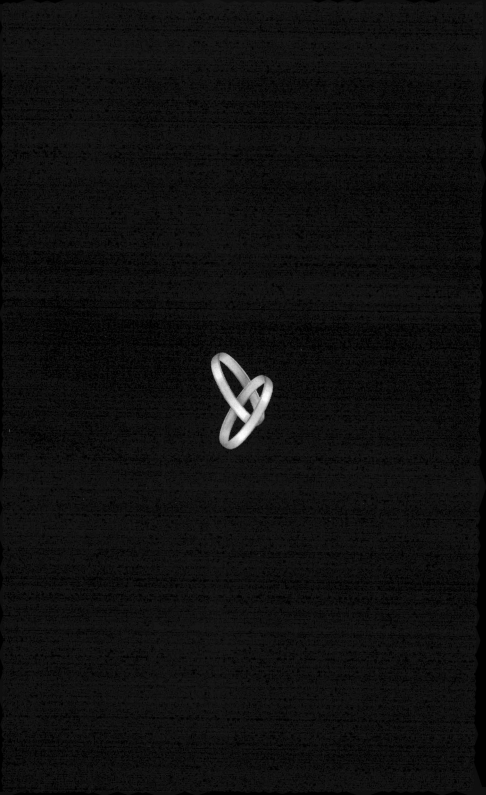

CAPÍTULO 14

UMA SOCIEDADE SACRAMENTAL

Uma sociedade verdadeiramente católica será organizada em nome do bem comum — aquele bem próprio de comunidades políticas que inclui e magnifica o bem de cada indivíduo, e que, portanto, não é subjugado pela participação de ninguém. Mas isso só faz sentido se entendermos algumas verdades básicas sobre a sociedade política.

Ninguém nasce isolado: todos nascemos numa família de um tipo ou de outro. Mas os laços de família não se rompem da porta para fora. O pensamento político moderno erra gravemente não só em separar o indivíduo da família, mas em separar famílias individuais da família mais ampla, a sociedade como um todo.

Disse anteriormente que a família é uma hermenêutica universal, mas ela é também uma *metafísica universal*. O conceito de família não é só uma chave interpretativa para entender as sociedades humanas; ele também *descreve* sociedades humanas de forma simples, porém profunda. A sociedade política é, de certo modo, uma família estendida (e muitas vezes disfuncional). Desse modo, deveríamos nos sentir à vontade para falar do bem comum de uma sociedade da mesma maneira que nos sentimos à vontade ao falar do bem comum de nossas próprias famílias.

Na ordem da natureza, o bem comum inclui elementos como a solidariedade (discutida no capítulo anterior) e a justiça, pelos quais cada um recebe aquilo que lhe é devido. Isso não diz respeito somente à punição aplicada como justiça criminal, mas também às necessidades básicas a que todos têm um direito natural segundo a justiça distributiva. Numa sociedade devidamente ordenada, assim como numa família devidamente ordenada, o bem de ninguém é subjugado quando um indigente recebe alimento e abrigo — mesmo que essa provisão venha de alguém com uma vida mais abastada. Uma comunidade que ignora os pobres seria como uma família que ignora seus próprios filhos que têm fome; se uma família simplesmente não puder alimentar os seus filhos ou uma comunidade não puder ajudar os seus pobres, então uma autoridade de nível superior deverá intervir para que a justiça e o bem comum possam ser servidos. Lembremo-nos daquela admoestação chocante: «Em verdade eu vos declaro: todas as vezes que fizestes isso a um destes *meus irmãos* mais pequeninos, foi a mim mesmo que o fizestes» (Mt 25, 40; grifo meu).

Essa distribuição dos frutos do trabalho de uma comunidade é aquilo a que a Igreja se refere como a «destinação universal dos bens». Embora a propriedade privada tenha o seu lugar, é claro, já que o primeiro dever de uma sociedade é assegurar a produtividade, a todas as pessoas deve ser permitido usufruir de um nível básico de alimentação, abrigo, lazer, e assim por diante. Esse é o cerne da doutrina social católica, exposto em documentos como a *Rerum novarum*, de Leão XIII, a *Quadragesimo anno*, de Pio XI, a *Centesimus annus*, de João Paulo II, e a *Deus caritas est*, de Bento XVI. Em solidariedade com os nossos irmãos, devemos lamentar a

UMA SOCIEDADE SACRAMENTAL

pobreza sem hesitar e celebrar sem reservas a restauração dos pobres a circunstâncias dignas — e trabalhar para mobilizar tantas pessoas quanto possível a essa posição.

O título da encíclica de Bento XVI mencionado acima — *Deus caritas est* — significa «Deus é amor». O amor é aquilo que Deus *faz* porque o amor é aquilo que Deus *é*. Não se trata somente de uma agradável observação teológica: nós, como família de Deus, devemos refletir e irradiar esse amor não só dentro de nossas casas, mas em toda a comunidade política. Podemos dizer, portanto, que o amor anima todos os nossos laços familiares: «Caríssimos, amemo-nos uns aos outros, porque o amor vem de Deus, e todo o que ama é nascido de Deus e conhece a Deus» (1 Jo 4, 7).

O foco deste capítulo será principalmente o bem comum na ordem da graça — o bem comum sobrenatural. O bem comum natural reflete a abundância do amor e misericórdia de Deus, mas nunca pode reproduzi-los ou substituí-los. (Tentativas de substituir a gratuidade da graça de Deus pelo poder do Estado ou do mercado sempre terminam em injustiça e excessos.) O bem comum sobrenatural, no entanto, é a nossa participação na vida de Cristo.

Essa participação culmina na salvação — a comunhão eterna e bem-aventurada com Jesus Cristo. Embora não possamos ser salvos por uma ordem política ou social, qualquer ordem organizada sem voltar os olhos para o céu ignora o propósito da existência humana. É como compor um time profissional de basquete só com homens altos que não sabem lançar a bola, ou escalar para um filme apenas modelos atraentes que não sabem atuar: tudo pode parecer acertado, à primeira vista, mas logo fica claro que o objetivo da empresa se perdeu de vista. A Igreja é, por sua própria natureza, uma ordem social — com efeito, uma ordem social perfeita. Chamarei essa ordem de «sociedade sacramental».

***

A sociedade sacramental é a sociedade integrada — aquela em que a verdade integrada da natureza humana se reflete na sociedade. Somos espírito *e* corpo: ambos deveriam ser atendidos pela comunidade política. Somos políticos *e* espirituais: esses dois aspectos da nossa natureza não podem ser separados. Temos deveres para com Deus *e* para com nossos irmãos: esses deveres estão inextricavelmente ligados e pertencem a todo membro da comunidade.

Em outras palavras, a sociedade sacramental reconhece que Jesus Cristo é o Senhor e que a Sua Igreja não é uma instituição que rivaliza com outras pelo poder terreno, mas a manifestação, na terra, da realidade do céu. A realidade dos sacramentos não pode apenas temperar a vida da comunidade com um pouco de intervenção divina aqui e ali. São portais para uma realidade sobrenatural mais profunda da existência humana, que pode transformar-nos a nós e a nossas comunidades se, por meio de uma abertura radical ao Espírito Santo, nós o permitirmos.

É triste que nós modernos nos tenhamos nos acostumado a ver os sacramentos como simples interlúdios de «espiritualidade» em nossas vidas — como pausas da «vida normal». Quando vamos à Missa ou à Confissão, sentimos como se estivéssemos saindo do «mundo real» e entrando no mundo da Igreja. Quando assistimos ao Batismo, Confirmação ou Matrimônio de um amigo ou membro da família, parece que estamos numa ocasião especial, não só no sentido de que esses sacramentos são celebrações que se realizam uma vez na vida, mas também no sentido de que «deveres religiosos» estariam invadindo a vida cotidiana.

Por um lado, é claro, isso é bom e natural: os sacramentos *são* momentos especiais em que a presença de Deus se manifesta de um modo único e tangível. Por outro, porém, isso

UMA SOCIEDADE SACRAMENTAL

introduz uma distinção antinatural entre a vida da Igreja e o resto da vida. Os sacramentos devem fazer parte da nossa experiência diária, e não ser interlúdios mágicos numa existência secular em todos os outros aspectos.

Uma sociedade organizada em torno dos sacramentos faz que as verdades da fé façam parte da vida cotidiana. Por exemplo, os sacramentos recebem a sua forma dos juramentos de aliança, com os quais os pactos eram selados na antiguidade. Mas as alianças não eram simples contratos; eram o tipo de acordo permanente pelo qual as famílias se formavam e os clãs se expandiam — casamentos, adoções, e assim por diante. E Deus sempre era considerado parte da aliança. Os sacramentos, então, são reafirmações da aliança familial de Deus com o Seu povo[1].

Os sacramentos, portanto, também instanciam a natureza trinitária de Deus na vida cotidiana. Há três pessoas agindo em todo sacramento: a pessoa que ministra o sacramento, a pessoa que o recebe, e Deus. (No Matrimônio, o casal serve como ministros e, ao mesmo tempo, recipientes do sacramento; assim o casamento é uma aliança especificamente entre os esposos e Deus.) É claro, em todo sacramento invocamos a natureza trinitária de Deus: Pai, Filho e Espírito Santo. No Batismo, essa formulação trinitária é *essencial* ao sacramento; por essa razão a Igreja não reconhece batismos feitos por grupos religiosos não trinitarianos, tais como a Igreja de Jesus Cristo dos Santos dos Últimos Dias (mormonismo) e as Testemunhas de Jeová.

Mais importante ainda, os sacramentos trazem a verdade da salvação às vidas cotidianas da comunidade. Devem, portanto, estar no centro da vida comunitária, já que são essenciais à vida eterna. Não dá para ser mais claro que isso.

---

1 Ver *Swear to God*, cap. 5.

Scott Hahn ⚜ A PRIMEIRA SOCIEDADE

***

Consideremos, por um momento, os sacramentos em termos práticos. São os momentos em que o céu e a terra se intersectam, de modo que o seu impacto não se dá meramente no reino do espírito. O elemento natural e o sobrenatural do bem comum reforçam um ao outro de um modo especial através dos sacramentos. Especificamente, os sacramentos são a fonte e a sustentação mais seguros da solidariedade. Concentremo-nos aqui nos três sacramentos que normalmente ocorrem em momentos diferentes da vida de uma pessoa: o Batismo, a Confirmação e a Unção dos Enfermos.

O Batismo não só introduz uma pessoa, normalmente um bebê, na família de Cristo num sentido espiritual; ele introduz a pessoa na comunidade cristã aqui na terra. O batizado torna-se um irmão ou irmã em Cristo. Essa relação familial reforça e eleva o parentesco da sociedade política. Ademais, ela nos lembra da interconectividade discutida por São João Paulo II no capítulo anterior — e, portanto, traz responsabilidades especiais. Lembremo-nos das palavras de São Pedro: «Sede educados para com todos, *amai* os irmãos» (1 Pe 2, 17; grifo meu).

A Confirmação é o segundo sacramento de iniciação. Embora a idade em que é ministrada tenha mudado com o tempo — na maior parte da história da Igreja ela precedia a Comunhão —, ela sempre foi associada ao uso da razão. Isto é, a Confirmação é quando os fiéis afirmam por si próprios o seu status de membros do Corpo de Cristo. O derramamento do Espírito Santo *completa* e *aperfeiçoa* a graça batismal, deixando uma «marca espiritual indelével» que eleva integralmente o confirmando ao «sacerdócio comum dos fiéis» (CIC, 1304-05). Assim, a graça do sacramento traz consigo deveres especiais e as habilidades especiais com as quais podemos cumprir tais deveres.

UMA SOCIEDADE SACRAMENTAL

Ambos os sacramentos de iniciação afirmam o nosso pertencimento à família de Deus — a solidariedade especial dos fiéis. Isso ainda é reafirmado pela natureza costumeiramente pública de tais sacramentos: ocorrem em presença da comunidade, que serve de testemunha e promete apoiar a iniciação completa do seu novo irmão em Cristo. Numa sociedade sacramental, o sentido social pleno dessa iniciação seria mais tangível do que é agora, quando os pais e adolescentes muitas vezes veem o sacramento como o *ápice* do seu dever para com a Igreja e irmãos em Cristo, em vez de vê-lo como o seu *começo*.

Na Unção dos Enfermos, então, vemos tanto o derramamento eficaz da graça sobre o aflito quanto um lembrete solene de nossos deveres para com os idosos e os enfermos. Os idosos, em particular, são cada vez mais invisíveis para a sociedade e até para as suas próprias famílias, colocados em asilos e clínicas. Este sacramento torna-os novamente visíveis enquanto sujeitos da solidariedade a quem devemos o nosso apoio não só por causa de sua idade, experiência e conquistas, mas por causa da sua humanidade.

A Unção dos Enfermos não *completa* o ciclo de solidariedade iniciado no Batismo, porque temos mais deveres para com os moribundos e os mortos — especialmente orações pelas almas do purgatório. Mas ele aponta, sim, para os deveres que temos para com a nossa família cristã do berçário ao cemitério. Os sacramentos são instrumentos efetivos e lembretes da solidariedade que devemos a todas as pessoas.

***

Sacramentum, como já afirmei, é a palavra latina para «juramento». O conceito de juramento — um compromisso solene guardado não só pela lei civil, mas pelo próprio Deus — é totalmente estranho à nossa sociedade secular liberal. Para nós, todos os compromissos são «contratos», e todo contrato é anulável com audácia suficiente e advogados sagazes. Os únicos deveres que temos são aqueles que escolhemos e, se as nossas escolhas mudarem, bem, todos os outros precisarão ajustar-se às nossas novas preferências. Isso gera um rancor social constante e, no final, temos todos de nos conformar com as escolhas dos poderosos — aqueles que podem afirmar as suas preferências da maneira mais efetiva.

Juramentos de aliança — isto é, os sacramentos – são uma fonte de coesão social inimaginável sob o liberalismo secular. São compromissos vitalícios dos quais Deus participa. Esta segunda parte é essencial à primeira: sem Deus, os compromissos de aliança são pesados demais para seres humanos decaídos.

Já abordei esse tema no contexto do matrimônio, e o sacramento do Matrimônio é um exemplo típico: a *aliança* matrimonial dá à sociedade uma substância e estrutura que um *contrato* anulável não consegue dar — muito menos um «*leasing* matrimonial» renovável, como se vem propondo ultimamente. Em uma sociedade sacramental, a compreensão sacramental do casamento seria presumida; seria simplesmente «como são as coisas», do mesmo modo que as taxas de divórcio crescentes, os acordos pré-nupciais e práticas semelhantes simplesmente revelam «como são as coisas» agora.

Observemos, então, outro sacramento em que a participação do Senhor nos oferece algo inconcebível sob o nosso atual regime: a Confissão. A Confissão é, obviamente, o sacramento mais íntimo. O confessionário é um dos últimos lugares que ainda restam em nossa cultura onde existe uma garantia de privacidade e confidencialidade; portanto, é um dos últimos lugares que restam em que podemos expressar em voz alta as verdades mais difíceis — as nossas tentações,

UMA SOCIEDADE SACRAMENTAL

fraquezas e falhas mais pessoais. Mas é exatamente por essa razão que ele é tão importante socialmente.

A Confissão não é só terapêutica — embora o ato de confessar-se seja psicologicamente saudável. Extraímos mais do que uma sensação de paz e alívio do sacramento; somos verdadeiramente curados e perdoados pelo Senhor Jesus Cristo. Ele é um participante do sacramento, sempre acenando e nos atraindo de volta para a Sua aliança de amizade.

Esse tipo de perdão radical é impensável no mundo secular. O único perdão que podemos conceber é o perdão incerto e contingencial de nossos irmãos, e assim perdemos a esperança na possibilidade de um dia sermos realmente restaurados. Se não podemos ser perdoados no sentido radical oferecido pela misericórdia divina, então para quê tentar ser bom? A incapacidade de experimentar o perdão é uma das grandes fontes de desespero no mundo moderno.

E, por isso, é também uma das maiores fontes de discórdia social. A confissão sacramental não só nos cura, isoladamente; a graça do sacramento prepara-nos para abordarmos todos os nossos relacionamentos e deveres comuns com a confiança que só pode vir do amor de Deus que opera através de nós. A sua misericórdia concede-nos uma paz única e radical que possibilita a paz social.

***

O que significa para a sociedade dizer que, a cada Missa, o Corpo, Sangue, Alma e Divindade de Jesus Cristo se manifestam em forma de Eucaristia?

Se realmente acreditamos nisso, as implicações são imensas. A Eucaristia não deveria ser somente a parte central de todo domingo ou das nossas «vidas religiosas»; deveria ser a parte central de nossos atos públicos e da ordem social. Deveríamos organizar todas as outras preocupações humanas em torno da Presença Real de Nosso Senhor no Santíssimo Sacramento. É isso que significa levar a sério as palavras dos padres do Concílio Vaticano II de que a Eucaristia é «a fonte e culminação da vida cristã»[2].

Isso causa estranheza porque estamos muito acostumados a separar «religião» de «política», mas, se realmente acreditamos no que dizemos acreditar sobre a Eucaristia, então a Missa é necessariamente um *ato político*. As implicações da invasão de Deus em nossas vidas de uma maneira tão dramática não podem ser contidas por uma hora de Missa ou pelas quatro paredes da igreja. A Missa traz o Rei do Universo para o nosso meio de um modo tangível que nenhum outro ritual, e nenhum outro sacramento, conseguiria fazer. Seria muito mais insensato considerar a Missa apolítica do que admitir o óbvio: liturgia e política não podem ser separadas entre si.

A Missa é o evento central da sociedade sacramental. O culto corporal — isto é, a adoração do Deus Uno e Trino como Corpo de Cristo — é o ato mais importante que uma comunidade pode empreender. O culto orienta a comunidade verticalmente, em direção ao céu, e a Eucaristia concede a graça necessária para sustentar essa orientação. Preocupações «horizontais» — isto é, aspectos da vida que dizem respeito primariamente ao modo como os humanos interagem uns com os outros num nível mundano, tais como a economia, os esportes, a vida social — devem dar precedência à preeminência do vertical. Ao fazê-lo, essas preocupações «mundanas» podem ser elevadas e transfiguradas pela graça.

***

Imagine um mundo em que o Sacramento das Ordenação seja corriqueiro. Imagine como seria comparecer a ordenações

---

2   Concílio Vaticano II, Constituição dogmática *Lumen gentium*, 21 de novembro de 1964, 11.

UMA SOCIEDADE SACRAMENTAL

com a mesma frequência com que se vai a batismos, confirmações e casamentos. Imagine como seria ver o sacerdócio não como uma estranha aberração, mas como uma opção viva para todo jovem que está crescendo na fé.

A sociedade sacramental é uma sociedade sacerdotal, e a sociedade sacerdotal é uma sociedade de serviço. O Catecismo nos ensina que «O ministério ordenado ou sacerdócio *ministerial* está a serviço do sacerdócio batismal» (1120). As Ordens Sacras constituem um de dois sacramentos «ordenados para a salvação de outrem. Se contribuem também para a salvação pessoal, é através do serviço aos outros que o fazem» (CIC, 1534). Qual é o outro sacramento que tem essa qualidade? É o Matrimônio, no qual o dever primeiro dos esposos é o de servir um ao outro: do mesmo modo que conferem o sacramento um ao outro, eles também santificam um ao outro. É por essa razão, também, que podemos dizer que o casamento e o sacerdócio são vocações radicalmente *políticas*.

A natureza apostólica do sacerdócio ministerial traz Cristo para o nosso mundo, seja sob a forma de Eucaristia, seja sob a forma de outras incumbências, tais como o Sacramento da Confissão, em que o sacerdote age *in persona Christi*. A sociedade sacramental é, assim, também uma sociedade apostólica, estendendo-se desde o tempo da primeira vinda de Cristo até a Sua segunda vinda no futuro. Ele nunca é perdido de vista, tampouco é uma abstração, mas uma *pessoa*, cuja presença é real e poderosa.

Uma cultura de sacerdócio robusta também nos lembra que a divisão tradicional e apropriada entre os domínios religioso e secular não se dá entre Igreja e Estado, mas entre o clero e o laicato. Em vez de estarem em oposição, como no caso da oposição entre Igreja e Estado, estas duas ordens sustentam uma à outra com a oração e o serviço. O laicato e o clero — o sacerdócio batismal e o sacerdócio ministerial — não são polos que competem pela autoridade, mas ordens complementares a serviço da autoridade única e final: Jesus Cristo e Sua Igreja.

***

Assim é a sociedade sacramental: a ordem social não apenas subentendida, mas *contida* na Igreja universal, continuamente imbuída da graça sacramental. É a sociedade que mais se conforma à realidade da Igreja. É a sociedade que leva a sério o que os católicos creem a respeito de Deus, da humanidade e da relação de aliança que há entre nós.

Observe que não existe ordem social que não seja também uma ordem eclesial. Quer o reconheçamos, quer não, a Igreja está ao nosso redor a todo instante — não só institucional ou burocraticamente, mas na ordem da graça. Mesmo a cultura mais egregiamente secular ainda interage com os santos e anjos; ocorre apenas que o relacionamento é de conflito, em vez cooperação. A questão não é «Vamos incorporar a Igreja à nossa ordem social?», mas «*Como* vamos incorporar a Igreja à nossa ordem social?».

Não falamos de maneira abstrata ou metafórica quando dizemos que Cristo vive e que Ele insufla o nosso mundo com a Sua graça por meio de Sua esposa, a Igreja. Assim é o mundo, quer vejamos, quer não. Que tantas pessoas — e até mesmo tantos católicos — não saibam que a Igreja está, de fato, à nossa volta, é uma das grandes tragédias da modernidade. Mas aceitar essa verdade é uma das maiores graças imagináveis, e ela pode curar, aperfeiçoar e elevar a nossa civilização claudicante.

Podemos, então, expandir o insight dos grandes filósofos e teólogos de que o homem é um animal social dizendo que o homem é um *animal eclesial*. Não podemos escapar de um relacionamento com Cristo e a Sua Igreja; é simplesmente parte do que significa ser humano. Temos de escolher se vamos cooperar com a relação de amor que Cristo deseja estabelecer conosco

UMA SOCIEDADE SACRAMENTAL

ou se seremos uma oposição a ela. Esta última opção leva não somente à ruína pessoal, como também à discórdia social. A primeira leva à salvação e é o cerne da sociedade sacramental. Cristo é o único fundamento certo para a paz social e para o florescimento da civilização.

A sociedade sacramental está ordenada ao bem comum temporal e espiritual da humanidade. Ela nos oferece tudo aquilo de que precisamos para levar vidas plenamente humanas aqui na terra e após a morte. É bom, portanto, que a tentemos construir. E, se ela for realmente tão boa quanto dizemos, os outros serão atraídos a ela.

Isso não é fácil, nem *mainstream*, nem respeitável. Terá um custo social, econômico e pessoal. Mas são assim todas as coisas boas em tempos difíceis. E Deus recompensará, como sempre recompensou, o esforço em prol de Sua causa.

CAPÍTULO 15

CONCLUSÃO:
ALÉM DO NOSSO ALCANCE?

Se, por vezes, o tema deste livro pareceu especulativo, e até um tanto fantasioso, isso é compreensível. A visão social e eclesial exposta nestas páginas, embora fundada na verdade concreta e acessível do matrimônio, é, pelos padrões contemporâneos, totalmente radical, e a história não nos oferece «provas de conceito» (talvez com a exceção de certas sociedades medievais)[1]. Não há um mapa ou um guia, neste livro ou em lugar algum, que nos conduza direta e assertivamente à sociedade sacramental.

Mas isso não deve nos fazer perder as esperanças mais do que as outras exigências radicais da fé católica nos levam ao desespero. Como já descrevemos em detalhes neste livro, o casamento cristão não é apenas radical mas também *impossível* sem a graça purificante e fortificante do Senhor. Com efeito, Jesus Cristo chama-nos a uma perfeição que a nossa

---

1   Ver Andrew Willard Jones, *Before Church and State: A Study of Social Order in the Sacramental Kingdom of St. Louis IX*, Emmaus Academic, Steubenville, 2017, para um esboço histórico da França do séc. XIII sob o rei Luís IX, a qual pode ter sido a que mais se aproximou de uma sociedade verdadeiramente sacramental.

natureza humana não pode atingir sozinha, mas que nos *pode ser* dada pelo Deus que é Amor.

Trazer a civilização sacramental ao mundo, portanto, não é tanto uma questão de construir quanto de *aceitar* o que nos é oferecido por Cristo lá do alto. Pela graça e a mediação dos santos e anjos, que compõem a sociedade perfeita do céu, podemos participar de Sua vida aqui e agora.

O primeiro passo não é político ou eleitoral, mas propriamente familiar e conjugal. Ao permitirmos que essa primeira sociedade seja elevada e transformada pela graça, armamos as condições para que a graça reverbere pelas nossas comunidades e através das gerações. Em vez de resmungar perguntando «a sociedade» vai tomar jeito, a Igreja — incluindo especialmente o laicato que vive o sacramento do Matrimônio — precisa tomar jeito. Precisamos aceitar o senhorio de Jesus Cristo através de uma abertura radical ao Espírito Santo antes de podermos esperar que a nossa sociedade seja transformada pelo Seu poder e amor.

Isso significa que as dioceses e paróquias precisam ordenar o seu trabalho, em primeiríssimo lugar, à vida sacramental da Igreja, mas também significa que nós mesmos devemos *viver sacramentalmente* — não apenas tomando parte nos sacramentos com regularidade, algo claramente essencial, mas organizando as nossas vidas em torno do amor de aliança de Jesus, disponibilizado a nós de um modo único por meio da Igreja. Assim, *nós* nos tornamos prova de conceito para quem vive à nossa volta e deseja participar de uma ordem social mais justa e bela. Relembremos as palavras do Papa Bento XVI na epígrafe deste livro:

> O matrimônio é um Evangelho em si, uma Boa-nova para o mundo de hoje, especialmente o mundo descristianizado. A união entre um homem e uma mulher, a sua transformação em «uma só carne» na caridade, num amor frutífero e indissolúvel,

CONCLUSÃO: ALÉM DO NOSSO ALCANCE?

> é um sinal que fala de Deus com uma força e uma eloquência que nos nossos dias tornou-se mais forte. [...] E não é por acaso. O casamento é ligado à fé, mas não de um modo geral. O casamento, enquanto união de amor fiel e indissolúvel, baseia-se na graça que provém do Deus uno e trino, que em Cristo nos amou com um amor fiel, até a Cruz.

Se você se sente culpado e desafiado ao ler essas palavras, saiba que sinto o mesmo. O tipo de obediência radical necessária para viver esta visão do casamento e da sociedade não se põe em conflito profundo apenas com a cultura contemporânea; opõe-se profundamente à nossa natureza decaída. Mas a graça cura, aperfeiçoa e eleva essa natureza; a graça põe ao nosso alcance aquilo que é aparentemente impossível.

Então o nosso testemunho pessoal, conjugal e familiar é o elemento essencial da sociedade sacramental. Nenhuma instituição ou código de regras e regulamentos pode fazê-lo acontecer; isso requer pessoas santas e virtuosas que formem famílias santas e virtuosas e que, por sua vez, formem sociedades santas e virtuosas. O esforço individual no caminho da santidade é a única maneira de criar uma sociedade digna de santos.

***

No trigésimo nono capítulo do Livro de Isaías, o grande profeta diz a Ezequias, rei de Israel, que um dia os babilônios saquearão a riqueza do seu reino e escravizarão o seu povo. Mas o rei, que soube de Deus que viverá só mais quinze anos, responde friamente, «"A sentença do Senhor, que acabas de proferir, é justa". Pois dizia a si mesmo: "Ao menos terei paz e segurança enquanto viver"» (Is 39, 8).

O único horizonte temporal com que Ezequias se importava era a sua própria morte; nada lhe interessava além disso.

Não podemos cair nesse tipo de pensamento. Lembremos que parte da universalidade da Igreja é a sua perpetuidade *no tempo*. A família de Deus atravessa as épocas; portanto, temos deveres para com o que veio antes e, de um modo ainda mais importante, para com o que virá após as nossas vidas. Embora seja certamente uma grande responsabilidade, deveria também ser de grande conforto. Certamente, nada como a visão social exposta neste livro virá a acontecer nas nossas vidas (exceto por intervenção milagrosa do próprio Senhor). Mas, em vez de nos desesperarmos com isso, espalhemos algumas sementes — ou, pelo menos, preparemos o terreno. Comecemos a estabelecer as fundações — ou, pelo menos, a limpar os escombros.

Em outras palavras: evitemos abandonar princípios primordiais e essenciais e comprometer a fé por alívios a curto prazo. Provavelmente não testemunharemos nenhuma conversão massiva à santidade durante as nossas vidas, então sejamos heroicos em aceitar uma humilhação a curto prazo — uma derrota apenas *aparente* — sem compromissos. Isso seria, de fato, uma vitória nada desprezível; talvez fosse até precisamente a fundação de testemunhos de santidade sobre a qual gerações futuras construirão algo mais belo do que podemos imaginar.

***

Não tenho problemas em admitir que, de acordo com os padrões costumeiros, a visão deste livro é irrealista e extravagante. Mas isso também é verdade em relação à eterna comunhão com o onipotente e onisciente Senhor dos Exércitos, e ainda assim sabemos pela fé que ela não é somente *possível* — é aquilo para que fomos feitos, e que só é possível através da graça.

Não se trata, portanto, de uma visão utópica, pelo menos não no sentido tradicional da palavra. Não conseguiremos

CONCLUSÃO: ALÉM DO NOSSO ALCANCE?

construir uma sociedade duradoura que se comprometa com a justiça e o bem comum se dependermos apenas de nossos esforços. O fascínio do pecado e a obscuridade da razão humana não orientada sempre nos levarão a estabelecer compromissos inaceitáveis com a vida e a liberdade — normalmente às custas dos mais fracos — em nome de algum «bem maior» que não tem qualquer semelhança com o bem comum. Isso está acontecendo ao nosso redor, à medida que sacrificamos os direitos dos menos capazes de se protegerem em nome da prosperidade, segurança, autonomia, pureza étnica ou qualquer que seja o ídolo do momento da elite.

Mas não é essa também a história de toda vida humana, todo casamento, toda família? Não somos sempre tentados a abraçar o pecado por causa de algum «bem maior», algum ídolo que suplantou Deus em nossas vidas? Não falhamos sempre, independentemente do quanto nos esforcemos? E, no entanto, isso não nos autoriza a parar de buscar, trabalhar, lutar pela perfeição!

A Segunda Epístola de São Paulo aos Coríntios está repleta de admoestações a que não nos desesperemos, já que a nossa força vem do Senhor. No terceiro capítulo, ele escreve que «Não que sejamos capazes por nós mesmos de ter algum pensamento, como de nós mesmos. Nossa capacidade vem de Deus. Ele é que nos fez aptos para ser ministros da Nova Aliança» (2 Cor 3, 5-6). No capítulo seguinte, ele fixa o seu olhar e o nosso em Cristo: «Em tudo somos oprimidos, mas não sucumbimos. Vivemos em completa penúria, mas não desesperamos. Somos perseguidos, mas não ficamos desamparados. Somos abatidos, mas não somos destruídos. Trazemos sempre em nosso corpo os traços da morte de Jesus para que também a vida de Jesus se manifeste em nosso corpo» (2 Cor 4, 8-10). Mais adiante, ele nos revela aquelas belas palavras que lhe foram ditas pelo próprio Senhor: «Basta-te minha graça, porque é na fraqueza que se revela totalmente a minha força» (2 Cor 12, 9).

Scott Hahn   A PRIMEIRA SOCIEDADE

A sociedade sacramental é impossível do mesmo modo que a primeira sociedade do casamento é impossível e do mesmo modo que a santidade é impossível: todas essas coisas são repelidas por nossa natureza decaída e, milagrosamente, postas ao nosso alcance através do abandono à vontade e graça de Deus. Com efeito, a Epístola aos Hebreus descreve Jesus Cristo não só como perfeito mas como «aperfeiçoador»:

> Desse modo, cercados como estamos de uma tal nuvem de testemunhas, desvencilhemo-nos das cadeias do pecado. Corramos com perseverança ao combate proposto, com o olhar fixo no autor e consumador de nossa fé, Jesus. Em vez de gozo que se lhe oferecera, ele suportou a Cruz e está sentado à direita do trono de Deus. (Hb 12, 1)

***

Voltemos agora a nossa atenção para aquela «nuvem de testemunhas». Nenhum relato da Igreja e da sociedade humana estará completo sem que discutamos a Igreja Triunfante — os santos no céu que nos sustentam com as suas orações e inspiram a nós, a Igreja Militante, com o seu exemplo.

Aqui encontramos a prova de conceito que nos escapa na história mundana: os santos e os anjos transfigurados por Sua graça e maravilhados por Sua beleza estão vivendo a realidade a que aspiramos agora. E a verdade maravilhosa é que nós *podemos* partilhar dessa realidade aqui na terra. De fato, nós o fazemos todas as vezes que participamos da Santa Missa — o Banquete Nupcial do Cordeiro prometido a nós no céu, do qual se nos concede uma prova.

E assim, embora esta visão de uma sociedade saturada do amor e da graça de Cristo possa não ser praticamente atingível em termos cotidianos, *ela é inevitável*. Trata-se da verdade mais profunda de toda a civilização humana, na verdade de

CONCLUSÃO: ALÉM DO NOSSO ALCANCE?

toda a existência humana. O domínio celeste sempre foi e sempre será. Tudo o que experimentamos aqui na terra é mera reflexão opaca daquela realidade, daquela perfeição, daquela existência. E, se Deus quiser, um dia nos encontraremos com o artigo genuíno — a divindade da Santíssima Trindade às claras. Como diz São Paulo, «Hoje vemos como por um espelho, confusamente; mas então veremos face a face» (1 Cor 13, 12).

***

É muito positivo então, pensar nessa visão de casamento e sociedade não como uma meta distante a ser atingida, mas como um reconhecimento daquilo que já temos disponível para nós — tanto nos sacramentos da Igreja aqui na terra quanto na comunhão dos santos no céu. Desse modo, este esboço que propus é tanto *Católico* como *católico*, isto é, universal. Ele abraça a realidade em sua plenitude, sob a sua faceta visível e sob a faceta invisível a olhos mortais. Ele se recusa a ser encurralado por ideologias modernas que ignorem ou neguem a relevância e até a existência do estado celeste de divina comunhão.

O matrimônio, como se vê, não é só a primeira sociedade, mas também, sob a sua forma transfigurada e divinizada, a última sociedade. Ele constitui a forma e a unidade fundamental de todas as sociedades humanas — a metafísica universal —, justamente porque é o análogo terrestre da divina comunhão. É a chave interpretativa universal para entender a nossa experiência e a nossa natureza, porque é a chave interpretativa para entender o nosso relacionamento com o Criador. É a relação mais fundamental e inegavelmente humana, porque é reflexo e participação na relação divina entre as pessoas da Trindade e os cidadãos do céu — uma comunhão perfeita e eterna de pessoas.

Como poderemos responder com outra reação senão o espanto diante da magnificência desta verdade e da gratidão pela graça de Deus e sacramentos da Igreja, que tornam possível essa participação na vida divina? E como, depois de termos acolhido esse espanto e gratidão, poderemos fazer outra coisa senão nos empenharmos em ordenar as nossas vidas nos termos do céu — isto é, em torno da realidade cheia de graça da aliança expressa pelos sacramentos?

Quando fizermos isso — e *somente* quando fizermos isso —, poderemos invocar, discernir e haurir poder da realidade celeste para o nosso trabalho aqui na terra. Só então a primeira sociedade da humanidade poderá começar a se aproximar do esplendor da última sociedade do céu. E só então poderemos começar a ver uma civilização mais justa, mais gratificante, mais perfeita, emergir da devastação de uma cultura flagelada pelo secularismo.

Direção geral
Renata Ferlin Sugai

Direção editorial
Hugo Langone

Produção editorial
Juliana Amato
Gabriela Haeitmann
Ronaldo Vasconcelos
Roberto Martins

Capa & Diagramação
Gabriela Haeitmann

ESTE LIVRO ACABOU DE SE IMPRIMIR
A 5 DE ABRIL DE 2024,
EM PAPEL PÓLEN BOLD 70 g/m².